生活中的逻辑学

武爱荣　武变蓉　陈柯颖　著

清华大学出版社

北京

内 容 简 介

为了帮助广大学生、职场人士、管理者提升逻辑思维能力，本书全面阐述了逻辑学分析问题的方式与方法。

对这些逻辑理论的掌握，不仅有助于大家在思考问题时更加严谨、科学，而且对大家的日常交际也有极大帮助。试想想，当你与别人交谈时，你所表达的内容逻辑清晰、条理分明，这无疑能够在最短的时间内传递出更多有效的信息。这样一来既能节省宝贵的时间，又能为你的形象和谈吐加分，简直是一件一举两得的事情。

本书实用性强，既是普通人的日常行为逻辑宝典，又是职场人士解决问题的实用手册。

图书在版编目 (CIP) 数据

生活中的逻辑学 / 武爱荣 , 武变蓉 , 陈柯颖著 .

北京 : 清华大学出版社 , 2025. 10. -- ISBN 978-7-302-70379-2

Ⅰ. B81-49

中国国家版本馆 CIP 数据核字第 2025ZG2763 号

责任编辑： 张立红
封面设计： 钟　达
版式设计： 方加青
责任校对： 卢　嫣
责任印制： 沈　露

出版发行： 清华大学出版社
　　　　　　网　　址： https://www.tup.com.cn，https://www.wqxuetang.com
　　　　　　地　　址： 北京清华大学学研大厦 A 座　　　　**邮　　编：** 100084
　　　　　　社 总 机： 010-83470000　　　　　　　　　　**邮　　购：** 010-62786544
　　　　　　投稿与读者服务： 010-62776969，c-service@tup.tsinghua.edu.cn
　　　　　　质 量 反 馈： 010-62772015，zhiliang@tup.tsinghua.edu.cn
印 装 者： 三河市天利华印刷装订有限公司
经　　销： 全国新华书店
开　　本： 170mm×240mm　　**印　　张：** 12.5　　**字　　数：** 156 千字
版　　次： 2025 年 10 月第 1 版　　　　　　　**印　　次：** 2025 年 10 月第 1 次印刷
定　　价： 68.00 元

产品编号：111051-01

前言

在浩瀚的知识海洋中，逻辑学如同一盏明灯，引领我们穿越迷雾，探寻真理的彼岸。人之所以区别于其他生物，不仅在于人能够感知世界，更在于能够运用逻辑进行思考和推理。逻辑学，作为研究思维形式及其规律的科学，为我们提供了一种理性思考的工具，使我们在面对复杂问题时能够抽丝剥茧，洞见事物的本质。

在日常生活中，我们无时无刻不在运用逻辑。无论是沟通交流、决策制定，还是问题解决，逻辑都是不可或缺的一环。清晰的逻辑思路，能够帮助我们有效地传达信息，减少误解和冲突；严谨的逻辑推理，能够确保我们的决策科学合理，避免盲目和随意。

本书旨在为读者提供全面而系统的逻辑学入门指南。通过"理论解释+趣味题+故事"的模式，本书深入浅出地讲解了逻辑学中的基本概念、原理和方法。从逻辑谬误的辨析到命题逻辑的推演，从归纳推理的探索到逻辑运算的应用，每一章都精心设计了丰富的趣味题和生动的故事，旨在帮助读者在轻松愉快的氛围中掌握逻辑学的精髓。

无论你是逻辑学初学者，还是希望提升思考能力的职场人士，或是准备应对逻辑学考试的学生，本书都将是你不可或缺的伙伴。通过本书的学习，你将能够学会如何运用逻辑学理论指导实践，如何在日常交际和职场中展现出更加严谨和科学的思维方式。更重要的是，你将逐渐发现，逻辑学不仅是一种工具，更是一种智慧，它能够帮助我们更好地理解世界，创造更加美好的未来。

本书特色

1. 内容实用，详略得当

详细讲解逻辑学中的基本概念、原理和方法，同时避免了冗长和复杂的内容，使初学者能够轻松上手。

2. 幽默诙谐，以实例引导

采用幽默风趣的语言，通过一系列与理论相关的趣味题和故事，使读者在轻松愉快的氛围中掌握逻辑学的精髓。

3. 衔接到位，学以致用

本书在讲解过程中经常回顾前面的知识，并通过经典案例将不同类型的逻辑学知识串联起来，帮助读者巩固记忆。同时，设置悬念和兴趣点，激发读者的学习动力。

4. 理论与实践相结合

本书不仅深入浅出地讲解了逻辑学理论，还通过大量实例和练习题帮助读者将理论知识应用于实践，提高解决实际问题的能力。

本书内容及体系结构

第1章：从常见的逻辑笑话入手，介绍逻辑谬误的类型及实例，如否定前件谬误、肯定后件谬误、假两难推理等。通过幽默诙谐的案例，让读者认识逻辑学的重要性，并警惕逻辑谬误的陷阱。

第2章：详细讲解概念的逻辑特征和种类，通过实例引导读者理解概念的内涵与外延。概念是逻辑思维的基石，掌握概念的逻辑特征，有助于读者准确地表达思想，避免混淆和歧义。

第3章：介绍命题的概念、类型及直言三段论的构建与应用。命题是逻辑思维的文字表达形式，掌握命题的逻辑结构，有助于读者更清晰地表达观点。

第4章：深入讲解复合命题及其推理，包括联言命题、选言命题、假言命题等。复合命题的推理规则是逻辑思维的重要组成部分，掌握这些规则，有助于读者灵活地应对复杂问题。

第5章：探讨关系命题与模态命题的逻辑性质及推理。关系命题和模态命题因其独特的逻辑关系或逻辑状态，在逻辑学中占有重要地位。

第6章：讲述归纳逻辑，包括完全归纳推理和不完全归纳推理。归纳逻辑是从特殊到一般的推理方法。掌握归纳逻辑，有助于读者从具体事例中提炼出普遍规律。

第7章：介绍逻辑基本规律，如同一律、矛盾律、排中律等。这些规律是逻辑思维的基本准则，遵守这些规律，可以确保推理的严密性和有效性。

第8章：邀请读者朋友来做逻辑游戏，进一步提升逻辑思维能力，更高效地解决问题。

第9章至第17章：这部分章节是本书的重中之重，涉及逻辑学的细分领域与具体实践方法，包括假设、支持、削弱、评价、解释、推论、比较、语义、描述等。每章都通过实例和故事，详细阐述了各种逻辑方法的应用及技巧，帮助读者将理论知识应用于实践，提升解决实际问题的能力。

目　录

第1章

不懂逻辑学容易被PUA

"这是一条狗，它是一个父亲。而它是你的，所以它是你的父亲，你打它就是在打自己的父亲。"这就是逻辑学中典型的笑话——狗父论证。看完以后是否觉得搞笑呢？大家笑过之后又是否想过为什么会出现这样的笑话呢？

其实这都是因为逻辑谬误而引发的笑话。逻辑学是一门对思维有着指导意义的学科。学会有逻辑地思考和理性思考，将会让你思考问题具有严谨性和思辨性。没有逻辑的思考往往事倍功半，一不留神，还可能会闹出笑话来。不难发现，我们生活中的很多笑话都是逻辑谬误造成的。本章将从逻辑谬误说起，通过对逻辑谬误类型进行细分与举例说明，让大家看清逻辑谬误的真面孔，从而不再掉进逻辑谬误的陷阱中。

🗨 1.1 以偏概全：用一个人的错误推断全班

以偏概全这种谬误在我们的生活中随处可见。而这种谬误的问题所在就是：所给出的前提只是个体具有的某种性质，推理者却把它扩大类推，最终得出该个体所在的群体的普遍性质。

虽然在生活中很多人都犯了这个逻辑错误，但是并没有多少人意识到这个问题的存在。当我们发现别人犯了这个错误时，或许会觉得可笑，还觉得自己肯定不会犯这种低级错误。可实际情况并不是如此。究其原因，还是因为我们没有深入学习逻辑学，逻辑思辨能力不够。

一位兢兢业业，坚守三尺讲台三十载的老师病倒了。尽管他放心不下他的学生，放心不下他的工作，但是身体不给力，让他不得不住进了医院。这位老师住院没几天，学校就进行了一次模拟考试。考试结束后，班长代表全班同学去看望住院的老师。老师见到班长后，迫不及待地询问班级情况以及考试情况。班长刚说了自己这次发挥失常，没考好，老师就晕过去了。老师被抢救过来后说："你作为班长都没考好，那么整个班肯定都没考好，我能不着急吗？"

大家看完这个例子后，是不是都被这位老师的敬业精神打动了？这位老师的确敬业，但这位老师的逻辑思维能力也着实让人着急。可能很多人在挂科的时候还真是这样想的：要是全班人都挂科了，那我就不会"孤单"了。可实际情况是：班长只是班集体中的一员，无法代表整个班集体的状况。显然，由"班长挂科"推导出"全班挂科"是一种诡辩，是在以偏概全。

💬 1.2 区群谬误：迪拜人的财富误解

区群谬误刚好与上文中提到的以偏概全相反，因此这种谬误又称以全概偏。该谬误的问题是忽略了个体的特殊性，将群体的性质简单认为就是该群体中每个个体的性质。简单地说，就是将个体与群体混为一谈。这种错误常常出现在分析统计资料当中。

迪拜的富裕程度世界闻名。网上曾经有网友传言，在迪拜警察开的警车都是兰博基尼，叫花子月入百万以上。于是有人得出结论，迪拜人普遍很富有，故每一个迪拜人都很富有。

然而实际情况是：迪拜富得流油没错，但富有的毕竟是少数人。不仅仅是在迪拜，在世界上任何一个地方都不可能达到人人都富有的状态。这种推理过于绝对化，将普遍情况认为是必然情况。然而，最终推导出来的结果只能是令人啼笑皆非。所以这无疑是一种以全概偏的推理论证。

在统计当中，统计人员往往会面临一堆庞大的数据。分析庞大的数据，然后得出结果，这既是统计的正确流程，也是统计的意义所在。然而，面对庞大的数据需要极强的耐心，耗费大量的精力。所以，统计员一不留神，可能就会迷失在数据中，忽略了个别数据的特征，造成区群谬误。学习了这个理论将有助于你及时认识到问题所在，避免谬误产生。

💬 1.3 诉诸类比：小刚能成为数学家吗

小明和小刚是同学，小明在学校的数学竞赛中获得了一等奖，而小刚则没有获奖。一天，他们的老师在课堂上表扬小明："小明真聪明，这次数学竞赛得了一等奖，将来一定能成为数学家。"这时，坐在旁边的小刚心里想："我和小明都是同学，小明能成为数学家，那我以后也一定能成为数学家。"

这段话存在两个逻辑错误，第一个是由小明获一等奖得出他将来一定能成为数学家，这类错误我们在1.1节中讲过，这里我们来看第二个逻辑错误。

第二个逻辑错误就在于小刚错误地使用了类比推理。类比推理是一种基于两个或多个事物之间相似性来进行推断的思维方式。然而，这种推理方式的有效性取决于所比较的事物之间是否具有足够多的相似性和相关性。

在这个例子中，小刚错误地将自己与小明进行了类比。尽管他们两人是同学，具有一些基本的共性（如都是学生、都有学习能力等），但在数学天赋、努力程度、学习环境等方面可能存在显著差异。小明在数学竞赛中获奖，说明他在数学方面具有较高的天赋，付出了更多努力，但这并不能直接推断出小刚也具备同样的天赋和努力程度，将来也能成为数学家。

这种逻辑错误属于诉诸类比谬误，即错误地将两个在某些方面相似，但在关键方面不同的事物进行了类比。在这个案例中，小刚忽视了自己与小明在数学天赋和努力程度上的差异，而仅仅基于他们是同学这一共性，进行了不恰当的类比推理。

因此，我们在进行类比推理时，需要谨慎地考虑所比较的事物之间是否具有足够多的相似性和相关性，以避免陷入诉诸类比的逻辑谬误。

💬 1.4 诉诸公众：流行的都是好的

在非形式逻辑谬误中，有因无知造成的谬误，有因类比造成的谬误，还有因误用公众意见造成的谬误。这种因误用公众意见造成的谬误就是这一小节中所要讲到的诉诸公众，它又名"乐队花车谬误"。它的典型特征是：因为多数人都相信或在做某事，就断定这件事是正确的或合理的。

典型形式 大家都这样，所以这样一定没错。

这种谬误在日常生活中非常常见，尤其在广告宣传、社交媒体和大众文化中。比如："这款保健品已经有上百万用户在服用，效果当然有保障。""现在最火的电影你还没看？一定是好片！""所有同学都报这个补习班，你也该报一个。"

乍听之下，这些话好像有道理，但如果我们冷静分析就会发现：多数人的选择本身并不能构成某件事合理或正确的充足理由。流行可能与质量有关，但不能简单地等同于正确或优越，否则我们就陷入了用人气代替证据、用风潮替代逻辑的陷阱。

小明最近想买一双新运动鞋。他告诉父母说："我要买这双X牌的鞋子！我们班几乎每个人都有，大家都说穿着很舒服，超酷的！"

父亲问："你确定是因为舒服才想买吗？还是因为大家都在穿？"

小明脱口而出："当然是大家都穿啊，不然我多奇怪！"

这个例子中，小明并没有提供鞋子本身的优点（如质量、性价比、适合自己脚型等）作为购买一句，而是仅仅因为"大家都穿"就认为自己也应该买。这种"从众式"的推理方式，就是典型的诉诸公众谬误。

这个谬误的本质问题在于：事实的正确性不应由多数人肯定与否来决定。在某些情境下，公众意见或许具有参考价值，但不能作为唯一或决定性的依据。诉诸公众是一种非常隐蔽却常见的非形式谬误。通过学习逻辑学并提高批判性思维能力，我们就能在生活和工作中更清晰地判断事物，避免盲目从众，用事实和理由代替流行与喧嚣，做出理性决策。

🗨 1.5 否定前件谬误：你不够优秀

否定前件谬误是一种形式逻辑谬误，其推理结构无效。

典型形式 前提1：如果P，那么Q

前提2：非P

结论：因此，非Q

这种推理的错误在于其逻辑形式本身不成立——即使前提都为真，结论也不必然为真。因为"如果P那么Q"并不排除"非P时Q也可能为真"的情况。

例如有个常见说法：如果一个人足够优秀（P），就会找到伴侣（Q）；我不够优秀（非P），所以我找不到伴侣（非Q）。

这种推理的错误在于：首先，"优秀"的标准本身是主观的；更重要的是，即使"不够优秀"（非P为真），也可能因为其他因素（如缘分、机遇等）而找到伴侣（Q为真）。现实中，许多自认为"不够优秀"的人同样拥有了美满的关系，这正是因为原条件命题并未穷尽所有可能性。

要识别这类谬误，关键在于区分"充分条件"和"必要条件"："优秀"可能是找到伴侣的充分条件之一，但绝非唯一条件。逻辑思维训练能帮助我们避免这类推理陷阱，更理性地看待问题。

1.6 肯定后件谬误：学霸爱看书

推理不能倒着来，肯定后件谬误就是一种常见的形式逻辑谬误。它的问题不在于推理所用的具体论据，而在于推理结构本身无效。

典型形式 前提1：如果 P，那么 Q

前提2：Q

结论：所以 P

这种推理在形式上是错误的。即便"如果 P，那么 Q"成立，也不能因为 Q 成立就断定 P 也成立。Q 可能由其他条件导致，而不仅仅是由 P 导致。

如果今天下雨，街道就是湿的。

街道是湿的，

所以今天下雨了。

这个推理不一定成立。街道湿了可能是因为有人洒水清洁或者地下水管爆裂等原因，而不一定是因为下雨。也就是说，Q 的成立并不能反推出 P 一定成立。

如果我中了彩票，我就会很开心。

我现在很开心，

所以我一定是中了彩票。

显然这是一个错误推理。人开心的原因可能很多，比如今天放假、朋友送了礼物、刚吃了一顿大餐等。"开心"作为结果，并不只能由"中彩票"引起。

这类谬误的危险之处在于，它让我们误以为可以从结果倒推出原因。但在逻辑上，一个结果可能对应多个可能的原因。我们如果只看到结果就断定某一个特定的原因存在，就容易做出草率甚至错误的判断。肯定后件谬误常常出现在我们试图通过结果来"证明"某个原因的场景中，尤其是在日常对话、社会舆论和媒体报道中非常常见。

记住一句话：结果成立 ≠ 唯一原因成立。推理的方向必须遵循逻辑的有效路径，而不能"倒着来"。

1.7　诉诸无知：小村庄的无知偏见

在一个小村庄里，村民们对于外来事物总是持保守态度。有一天，一位旅行家带着一本介绍世界各地风土人情的书来到村庄，希望与村民们分享书中的知识。然而，村民们对此并不感兴趣，反而对旅行家说："你所说的这些事情，我们从来都没听说过，也没见过，因此我们不相信。只有我们村里流传下来的传统和习俗才是真实可信的。"

旅行家试图解释，但村民们坚持认为，由于他们从未听说过或见过书中的事情，这些事情就不可能存在。最终，旅行家无奈地离开了村庄，而村民们依然坚守着他们的无知和传统。

这个小故事中的村民们，正是陷入了诉诸无知的逻辑谬误。诉诸无知，也称为"以无知为论据"，是指因为某件事情未被证明为真（或假），就假定它为假（或真）的一种推理方式。在这个故事中，村民们因为从未听说过或见过旅行家所说的事情，就假定这些事情不存在或不真实，这是一种不合理的推理。

从逻辑学的角度来看，诉诸无知存在以下问题。

（1）证据缺失

村民们没有提供任何证据来支持他们的观点，而是仅仅基于无知和缺乏了解来做出判断。在逻辑学中，缺乏证据或理由来支持一个观点，并不能构成有效的论证。

（2）认知局限

村民们由于自身的认知局限和保守态度，拒绝接受和了解新事物。这种态度限制了他们的视野和思维方式，使他们无法看到更广阔的世界和更多的可能性。

（3）错误推断

村民们错误地认为，由于他们从未听说过或见过某件事情，这件事情就不可能存在。这种推断忽略了知识的无限性和人类认知的有限性。事实上，许多事情在我们了解之前就已经存在，而我们的无知并不能证明它们的不存在。

因此，诉诸无知是一种不合理的推理方式，在逻辑学和辩论中，我们应该避免使用这种推理方式，而是努力寻求客观、全面的证据和理由来支持我们的观点。同时，我们也应该保持开放的心态和求知的欲望，不断学习和了解新事物，以拓宽我们的视野和思维方式。

💬 1.8 循环论证：从不说谎的人

循环论证是一种非形式逻辑谬误，其本质是在推理过程中使用了结论本身，或几乎等同于结论的内容作为论据来支持这个结论。

也就是说，结论的成立并不是基于独立的证据或理由，而是因为"我说它对，所以它对"。这类论证虽然在语言上可能看似有道理，甚至显得"自洽",但在逻辑结构上是空转的,无法真正提供支持。

典型形式 前提:X 是对的

结论:所以 X 是对的

或者:

前提:Y,因为 X

结论:X,因为 Y

这类推理并没有向读者或听众提供任何新的信息或外部依据,而只是把原话"换个说法"重新说了一遍。

"他说的话可信,因为他从不说谎。"

这里的"从不说谎"其实就是"可信"的另一种表述,没有提供独立的理由。

"这本书里的内容是真理,因为它上面这样写着。"

前提和结论互为前提,逻辑上形成了闭环。

"我是班里最聪明的,因为没有人比我聪明。"

结论和理由本质上是同义反复,没有说明为什么没有人比你聪明。

为什么循环论证是谬误?循环论证没有提供外部或独立的支持性理由。它的"推理"只是在原地打转,让人产生被说服的错觉,但本质上什么都没证明。在有效的推理中,前提必须独立于结论,并且具有逻辑支持力。而循环论证则只是用话语技巧"绕回来",无法推动理解和判断的深入。

如何识别循环论证？

识别方法之一是：尝试把前提和结论简化对比，看看是否在说同一件事。如果你发现说来说去只是在重复观点，没有真正提供外部根据，那极可能就是循环论证。

📣 1.9 滑坡谬误：拔除一棵树与地球毁灭

所谓推理，就是通过前提条件去推导出一个结果。有时候我们的前提条件只是一个"可能性"事件，而在推导的过程中，我们却把它当成了一个"必然性"事件；又或者在推导的过程中人为地将相关因素的作用放大化。那么，这样推导出来的结果也就成了谬误，这就是所谓的滑坡谬误。

《光头强》这部动画片是许多小孩子每天必看的节目之一。这部以熊大、熊二智斗偷伐工光头强为主题的动画片不仅博得了小孩子的欢心，而且让一些坚定的生态环境保护者的人拍手称赞。因为在他们看来，砍伐一棵树，地球就要毁灭了。

这个例子毫无疑问就是一个滑坡谬误。虽然砍伐树木会对地球的生态环境造成破坏，但地球毕竟没有那么脆弱。造成这种谬误的原因在于，放大了"砍伐一棵树"这个因素对地球生态环境的作用。的确，过量砍伐树木会毁坏地球生态系统，但砍伐一棵树木不会也不可能造成地球毁灭的结果。这是将砍伐一棵树的负面影响无限放大了，从而导致了这个笑话的产生。

在我们的生活中，不难见到各种"上纲上线"的现象，其实它们大部分都使用了这种滑坡谬误。而诡辩者在利用这种谬误的时候，他们常见的手段是：使用很长的一串级联在一起的推理。而且在他们的推理中，会将很多概率性（有时候这个概率几乎可以忽略）的事件，人为地说成是必然性的事件，最终"推理"出几乎毫不相干的结果。

1.10 诉诸主观情感：素食午餐辩论会的情感推理

在一次关于是否应该在学校推行素食午餐的辩论会上，支持素食的一方提出："我认为我们应该在学校推行素食午餐，因为动物们也有感情，它们不希望被杀害和食用。每次想到那些无辜的动物因为我们的口腹之欲而遭受痛苦，我就无法忍受。因此，为了体现我们的同情心和爱心，我们应该选择素食。"

这个例子中，支持素食的一方主要依赖于个人的主观情感（如对动物的同情和爱心）来支持其观点，而没有提供客观、理性的证据或理由。这种推理方式就是诉诸主观情感。

从逻辑学的角度来看，诉诸主观情感存在以下问题：

（1）主观性

情感是主观的，不同的人可能对同一件事物产生不同的情感反应。因此，基于情感的推理往往缺乏普遍性和客观性，难以被普遍接受和认可。

（2）非理性

情感往往受到个人经历、文化背景、价值观等多种因素的影响，这些因素可能并不总是理性的。因此，基于情感的推理可能缺乏理性和逻辑性，难以形成有效的论证。

（3）缺乏证据

诉诸主观情感的推理往往缺乏客观的证据或理由来支持其观点。在这个例子中，支持素食的一方并没有提供关于素食午餐对学生健康、地球环境等方面影响的客观证据，而是仅仅依赖于个人的情感反应。

因此，虽然情感在人类决策和判断中起着重要作用，但在逻辑学和辩论中，我们应该尽量避免依赖主观情感来进行推理和论证。相反，我们应该努力提供客观、理性的证据和理由来支持我们的观点，以形成更加有效和可信的论证。

🗨 1.11　诉诸权威：编程课程讨论中的权威依赖

诉诸权威的错误之处在于过于看重权威的作用，将权威作为判断一切是非的标准。

在一次关于是否应该在学校教育中增加编程课程的讨论会上，一位教育专家发言："我认为我们应该在学校教育中增加编程课程，因为编程是未来的趋势，掌握编程技能对于孩子们的未来至关重要。对于这一点，很多知名科技公司的CEO都已经明确表示过，他们都非常看重员工的编程能力。因此，我们应该听从这些权威人士的意见，尽快在学校中推广编程教育。"

这个例子中，教育专家依赖于知名科技公司CEO的观点来支持其在学校教育中增加编程课程的观点，这构成了诉诸权威的推理。虽然这些CEO在科技领域具有很高的权威性和影响力，但他们的观点并不一定在所有情况下都是正确或适用的。

从逻辑学的角度来看，诉诸权威存在以下问题。

（1）权威的可信度

即使某位专家或权威人士在其专业领域具有很高的声望和影响力，但这并不意味着他们在所有领域或所有问题上的观点都是正确或可信的。权威人士也可能受到个人偏见、利益关系或其他因素的影响，从而导致其观点存在偏差。

（2）证据的重要性

在逻辑学和辩论中，证据是支持观点的关键。仅仅依赖权威人士的观点而不提供其他证据或理由来支持其立场，往往不足以形成有效的论证。即使权威人士的观点在某些情况下是正确的，但也需要通过客观的证据来加以证实和支撑。

（3）多样性的考虑

在决策和判断过程中，我们应该考虑多种观点和证据，而不是仅仅依赖于某位权威人士的意见。这样做有助于我们更全面地了解问题，避免陷入片面或狭隘的思维框架中。

因此，虽然权威人士的观点在某些情况下可能具有参考价值，但在逻辑学和辩论中，我们应该谨慎对待诉诸权威的推理方式，并努力寻求客观、全面的证据和理由来支持我们的观点，考虑多种观点和可能性，以形成更加准确和可靠的论证。

1.12 不相干谬误：当争论变成"怼人"和"跑题"

在逻辑推理中，我们期望前提能够为结论提供真正相关、有效的支持。而不相干谬误，就是一种结论与前提之间缺乏逻辑关联的推理错误。即使前提是真的，也无法有效支撑结论。

这种谬误又称为非关联论证，在实际表达中可能表现为攻击个人、转移话题、情绪操控等形式。下面选取其中两种典型来说明。

1. 人身攻击

人身攻击是最常见的不相干谬误之一。它的特点是：不去回应论点本身，而是转而攻击提出观点的人，借此否定对方的意见。

这种谬误常常出现在辩论、社交媒体和日常争论中。它的隐含逻辑是：如果提出观点的人"不可信"，那么他的观点也"不可信"。然而，一个人的身份、经历、动机，并不能自动决定他观点的对错。正确与否应由证据与逻辑来判断，而非个人标签。

甲："我觉得应该加大对公共图书馆的投资。"
乙："你又不读书，你凭什么说这种话？"

在这里，乙并没有回应"是否应该加大投资"这个核心议题，而是通过攻击甲的个人习惯来否定其意见。这种方式转移了讨论的焦点，让争论陷入人身层面的对抗。

2. 红鲱鱼

红鲱鱼谬误的本质是转移话题。在讨论中，某一方故意引入一个与议题无关但情绪上更具吸引力的论点，使讨论偏离原有焦点，从而掩盖真正需要回答的问题。

这种谬误往往出现在辩论、广告宣传以及危机公关中。它的危险在于：通过制造情绪共鸣或道德绑架，让人们忽视真正的逻辑缺陷。换句话说，红鲱鱼谬误并不是在"驳斥"对方，而是在"转移注意力"。

有人质疑："这家公司是否存在偷税漏税的问题？"
回应却是："你们为什么不关注我们公司为贫困地区捐了多少物资？"

在这个例子中，回应完全避开了"偷税漏税"的指控，而是转向"公益贡献"，让人们产生"公司很有爱心"的印象。但一个公司是否行善，并不能回答其是否违法的问题。这样的话题转移往往使受众忽略原本的关键问题。

为什么要警惕不相干谬误？不相干谬误的核心问题在于：它们制造了一种"看似有理"的表象，但实际上论点与结论之间并无逻辑关联。人身攻击会让讨论陷入情绪化冲突；红鲱鱼会让讨论偏离焦点。无论哪一种，都会让真相被掩盖。

在社交媒体、广告和演说中，这类话术尤为常见。学会识别并抵御不相干谬误，才能保持理性判断，不被表象和情绪所迷惑。

🗨 1.13 后此谬误：不带伞与不下雨的谬误

后此谬误是非形式逻辑谬误中的最后一种类型。这种谬误的错误之处在于把两件只存在先后关系的事情，强行赋予因果关系。并且把发生在前的事情认为是发生在后的事情的必然原因。因而，后此谬误又称事后归因、假性因果。

小鹿吃过早饭准备去上班。妈妈说："天气预报说今天会下雨，你带上伞出门。"小鹿嫌麻烦，不愿意带，但又不想被妈妈唠叨，于是说："我上班不带伞，所以下班不会下雨。"

看来这个小鹿真自信，以为龙王是他铁哥们儿。他不带伞，就不会下雨。在这个推理过程中，"上班"与"下班"之间仅仅存在先后关系，而推理者却强行为这种先后关系赋予了因果联系。这是一种不符合逻辑的推理过程，自然推断出来的结果要归为谬误一类。

对于诡辩者来说，这种谬误为其诡辩提供了一个障眼法。有了这个障眼法，诡辩者能够证明许多无效证明，达到诡辩的目的。

对于辩论来说，逻辑谬误是其天敌。因此，辩论唯恐避逻辑谬误而不及。而对于诡辩者来说，逻辑谬误是其密友。诡辩者有了这个密友的支持，就能够在诡辩中如鱼得水。但是，如果我们学习了逻辑学，有了严密的逻辑思维作为支撑，我们就能一眼识破逻辑谬误，并且运用严谨的逻辑思维战胜诡辩者，让诡辩者无处遁形，还辩论一片理性的天空。

第2章

你注意不到的概念

不论是学习任何学科，还是学习任何理论，首先应该了解其概念。因为概念是对一门学科、对一种理论的权威解释。有了权威的界定，接下来的学习才不至于杂乱无章，没有头绪。本章将带大家一起来了解逻辑学的概念，从权威的角度揭开逻辑学的神秘面纱。

2.1 从零开始学概念

逻辑学建立在逻辑推理的基础上，主要包括概念、命题和推理。其中，概念是思维形式最基本的组成单位。

两个人一胖一瘦，进行了如下对话。

瘦子："你为什么长得胖？"

胖子："因为我吃得多。"

瘦子："你为什么吃得多？"

胖子："因为我长得胖。"

胖子的回答让人啼笑皆非。他回答第一个问题是以"吃得多"为理由；而他回答第二个问题时，又以"长得胖"为理由。

其实，胖子和瘦子的争论陷入困境的原因就是对"概念"的理解有错误。"长得胖"和"吃得多"是两个不同的概念，并没有直接的因果推理关系。为了弄清这个问题，我们需要知道"概念"的两个基本逻辑特征——内涵和外延，以及概念之间的关系。

1. 概念的逻辑特征

概念的内涵： 指概念所反映的事物的特性或本质。

概念的外延： 指体现概念的具体事物。

举几个例子来说明。

● 艺术品

内涵：用来欣赏的作品。

外延：字画、音乐、雕塑等作品，人们通过它交流美和艺术。

● 网红

内涵：有一定影响力并有大量粉丝的网络红人。

外延：微博红人、自媒体红人、直播红人等。

● 自媒体

内涵：私人化、平民化、普泛化、自主化的传播场所或平台。

外延：微信公众号、博客、微博、短视频、百度贴吧、论坛、BBS等网络社区。

根据案例可以看出，内涵偏向于用肯定句表述事物的特征、本质，而外延偏向于具体化。

2. 概念的种类与关系

概念之间可以分为相容关系和不相容关系两大类。

（1）相容关系

● 同一关系，是指两个概念的外延完全重合。例如，"广州"与"广东省省会"这两个概念就是同一关系。

● 从属关系，是指一个概念的外延包含另一个概念的全部外延。比如，"学生"和"大学生"，这两个概念，前者的外延就包含着后者的全部外延。

● 交叉关系，是指两个概念外延有且只有一部分重合。比如，"软件工程师"和"计算机领域专家"，这两个概念的外延就有交叉关系。

（2）不相容关系

● 矛盾关系，是指两个概念的外延是互相排斥的，而且这两个概念的外延之和穷尽了它们概念的全部外延。例如，"金属"和"非金属"。

● 反对关系，是指两个概念的外延是互相排斥的，而且这两个概念的外延之和没有穷尽它们概念的全部外延。例如，"绿色"和"黑色"。

● 全异关系，是指两个概念的外延无重合，且不属于矛盾或对立关系，通常没有共同的属概念。例如"苹果"与"火车"（无共同属概念）。

现在我们就可以解答开头胖子与瘦子的问题了。"长得胖"属于体重，而"吃得多"属于饮食。体重与饮食属于不相容关系中的全异关系。

2.2　好玩的逻辑题

1. 你会雇佣谁

假设你是某公司的人力资源部员工，要负责招聘20名直接参与中层管理的职员。根据公司的要求，最不可能被录用的是学历在大专以下，或是完全没有管理工作经验的人；在有可能被录用的人中，懂英语或懂日语将大大增加被录用的可能性。为了保证公司的利益，你最有可能录用下面哪位求职者呢？

A. 张先生现年40岁，中专学历，毕业后一直没有放松学习，曾到京平大学经济管理学院进修过半年，收获很大。最近，他刚辞去已任职五年的华亭宾馆前厅经理的职务。

B. 王女士是经济管理学院的副教授，硕士研究生学历，出版过管理学专著。出于经济收入的考虑，她表示如被录用，将立即辞去现职。

C. 陈小姐是经贸大学专科班的应届毕业生，在学校学习期间，曾任过某商场业务部见习经理。

D. 刘小姐是外国语学院1995年的本科毕业生，毕业后当过半年涉外导游和近两年专职翻译，精通英语和日语。

【答案】C

【解析】本题考查的是对概念内涵的把握。首先，需要排除的是最不可能被录取的求职者，紧紧把握这两点判断依据：学历不及大专，缺乏管理经验，从而可以排除A、B和D这三个选项，A学历不够，B、D的工作经验虽然丰富，但均不是管理经验，对于选项C，学历和经验均达标，因而最可能录用的是陈小姐。

2. 直升机上的乘客

某架直升机上有9名乘客，其中有1名科学家，2名企业家，2名律师，3名美国人，4名中国人。补充以下哪一项，能够解释题干中提到的总人数和不同身份的人数总和之间的不一致？

A. 那位科学家和其中的1名美国人是夫妻。

B. 其中1名企业家的产品主要出口到美国。

C. 2名企业家都是中国人，另有1名企业家是律师。

D. 其中1名律师是其中1名企业家的法律顾问。

【答案】C

【解析】本题考查的是概念之间的交叉关系。根据题干，各种角色相加得到的数目是12，而一共只有9个人。也就是说，必定有3个角色是处于重合部分的，因为只有这样才能消去多余的3。根据选项C，中国人和企业家是交叉关系，重合部分是2人，另外，企业家和律师也是交叉关系，重合部分为1人，满足前面的条件。故选择C。

3. 七名委员的特征分析

在某校新当选的校学生会的7名委员中，有1个大连人，2个北方人，1个福州人，2个特长生（即有特殊专长的学生），3个贫困生（即有特殊经济困难的学生）。

假设上述介绍涉及了该学生会中的所有委员，则以下各项关于该学生会

委员的断定都与题干不矛盾，除了

A. 2个特长生都是贫困生。

B. 贫困生不都是南方人。

C. 特长生都是南方人。

D. 大连人是特长生。

【答案】A

【解析】这道题依然是属于逻辑学中的概念间的关系问题。解答这类题还是从分析关系入手，辅以假设法。首先，大连人一定是北方人。所以得到按地域划分涉及的人有3个。其次，因为题干中说特长生2个，贫困生3个。假设三者都不交叉的话，可知共有8个人，而题干中说只有7个人。那么说明另外还有且只有1个交叉情况。由此可得到A选项与题干矛盾。

4. "狂你儿子"疫苗：从属关系辨识

一位宠物主人领着狗去看兽医，于是发生了下列对话。

医生："您这只贵宾犬……"

主人："对不起，请你尊重点儿，不要叫他'犬'，他是我的宝贝儿子。"

医生："请问你儿子多大了？"

主人："9个月。"

医生："请问你儿子哪不舒服？"

主人："他最近心情不好，总喜欢咬人。"

医生："请问你儿子以前打过'狂你儿子疫苗'吗？"

以下哪项属于从属关系

A. 主人与兽医。

B. 犬与儿子。

C. 兽医与医生。

D. 儿子与兽医。

【答案】C

【解析】根据概念之间的关系可以看出，A项，主人与兽医属于交叉关系；B项，犬与儿子属于全异关系；C项，兽医是医生的一种，所以为从属关系；D项儿子与兽医也属于全异关系。一般来说，统一关系与从属关系很容易判断，而另外几种则不容易判断，解决的方法可以采用排除法。

🗨 2.3 烧脑的逻辑故事

1. 什么是生命

伟大的诗人曾说过："生命诚可贵，爱情价更高。若为自由故，二者皆可抛。"那么何为生命呢？路人甲与路人乙开始对这个问题进行讨论了。

甲：什么是生命？
乙：生命是有机体的新陈代谢。
甲：什么是有机体？
乙：有机体是有生命的个体。

通过路人甲与路人乙的对话，你明白生命是什么了吗？没有明白也没有关系。因为我们现在在讨论逻辑学中的概念问题。

那么什么是逻辑学呢？路人甲与路人乙继续讨论。

甲：什么是逻辑学？

乙：逻辑学是研究思维形式结构的规律的科学。

甲：什么是思维形式结构的规律？

乙：思维形式结构的规律是逻辑规律。

这两段对话不仅是在形式上，就连逻辑上也几乎一样，而且犯了一样的逻辑错误——循环定义逻辑错误。所以说如果你从中没能看明白什么是"生命""逻辑"也没有关系，但是你应该能够看出其中的逻辑错误所在。

在第一段讨论"生命"的对话中，乙用到了"有机体"这一概念，而后在解释"有机体"时，又用到了"生命"这一概念。在对"逻辑学"的讨论中同样也犯了类似的错误，用"研究思维形式结构的规律的科学"来解释"逻辑学"，又用"逻辑规律"来解释"思维形式结构规律"。看似用了很多概念、很多理论，其实一个问题也没有解释清楚。

2. 到底是谁在漏税

作为公民，我们在享有国家规定的合法权利的同时，也应履行国家所规定的义务。比如缴税纳税，这是每个公民应该履行的义务。而偷税、漏税、骗税、抗税则属于违法行为。其中漏税指纳税人并非故意未缴或者少缴税款的行为。对漏税者，税务机关应当令其限期照章补缴所漏税款。逾期未缴的，从漏税之日起，按日加收税款滞纳金。

那么以下4个案例里到底谁漏税了呢？

案例一：杜某开了一家书店，税务部门按规定对他的税款实行查账征收。当顾客不要求开发票时，他就不开发票，而当有大笔交易并且客户要求开发票时，他就将发票客户联撕下来，客户联与存根联分别填写，客户联上按实际数字填写，而存根联上则填写较小的数字。

案例二：某著名歌星在某城市举办了一场个人演唱会，票房收入高达 40

万元，根据演出协议，这位歌星拿到了票房收入的 25％，约 10 万元。第二天，该歌星又奔赴另一城市演出去了。

案例三：张大伯是一家小商店的店主，主要经营日用百货，税务管理部门核定他每月缴税款500元，他每个月都准时到税务局主动缴纳税款。但上个月由于家中出了事情，几乎没有营业，当然也就没有什么盈利，因此，他就没有到税务局去缴纳税款。

案例四：黄兴是一个屠夫，他干这一行已经好多年了。最近猪肉紧缺，价格上涨很快，县物价局对猪肉做了最高限价。由于购买生猪的价格很高，他的利润很低。为此，黄兴对税务征管员说，如果政府不取消限价，他就不缴纳税款。

根据这个故事中所给出的漏税的定义，其实不难判断是谁在漏税。抓住定义中的关键词，即"并非故意"就够了。在故事中提到的四个案例中，看起来都涉及没有缴纳或拒绝缴纳税款的问题。但仔细分析会发现，案例一中杜某的行为显然是故意的。他这不是在漏税，而是在逃税。第三个案例中，张大伯因为没有营业而不缴税款。如果你觉得张大伯的行为是正确的，那么你就犯了诉诸主观情感的谬误。实际上，张大伯知道应该缴纳税款，所以这是故意而为之的行为，不属于漏税。案例四中黄兴的行为更倾向于抗税。而只有案例二中的某著名歌星可能是不知道该缴纳个人所得税，也许他认为这笔税款该由举办方支付。因此他没有缴税并非故意而为之，符合漏税的定义。

3. 招生代理卷钱跑了，是谁的责任

相信在大家的身边，常常能够见到各种各样的代理。那么，究竟何为代理？代理是代理人依据被代理人的委托，或根据法律的规定、人民法院或有关单位的指定，以被代理人的名义，在代理权限内所实施的民事法律行为。这种行为所产生的法律后果由被代理人承担。代理讲究品牌效应，因此，较为常见

的是各种品牌产品的代理商。代理借助品牌效应，能够增加销量，盈利更多。

　　某人看中了代理这条营利的捷径。他以为某大学分校招生为名，骗取了大量学费，然后他卷起皮包逃跑了。这使得那些交了钱的学生们苦闷不堪，别人高高兴兴地迈进大学的门槛，他们却落到了钱财与学位两空的境地。这下问题来了：这位所谓的招生代理卷款逃走，责任该由谁来承担呢？

　　在分析由谁承担责任的问题上，就得运用逻辑学的知识了。通过仔细阅读代理的定义，我们可以知道代理有三种形式，分别为委托代理，法定代理和指定代理。如果代理行为是在代理权限内实施，那么其后果应由被代理人来承担。

　　但是我们回到故事中，这位代理其实就是一个无业游民，他与该大学之间不存在任何关系，当然更谈不上任何形式的代理关系了。他这个"代理"的名义纯属于假冒和捏造。因为代理与该大学之间不存在代理关系，所以他的行为是一种诈骗行为，并且该大学也是这件事情的受害者（名誉受到损害），所以这件事情的责任该由"代理"来承担。

第3章

命题与直言三段论

　　命题与直言三段论是逻辑学中的两个重要的组成成分。命题是逻辑思维的文字表达形式，它主要包括五大基本类型。直言三段论是一种典型的逻辑推理方式。对于逻辑学的初学者来说，运用直言三段论来进行逻辑推理，可以避免出现逻辑漏洞，从而使自己的推论更加严谨。

3.1 从零开始学命题与直言三段论

命题，是思维形式的外在表现，是思维过程的文字表现形式。而这种思维过程往往是判断事物情况的过程，所以也叫判断。无论是日常生活还是科学思考，借助命题和推理，人们能够更好地把握客观事物的本质和规律。

三段论是性质命题推理的核心理论。由直言命题构成的三段论称为直言三段论。具体来说，直言三段论是由包含一个共同项的两个直言命题推出一个直言命题的推理。直言三段论的应用范围非常之广，既是演绎逻辑理论的重要组成部分，又是言语交际中广泛使用的一种推理方式。

1. 命题的类型

简单判断某物具有或不具有某种性质的命题叫做性质命题。性质命题也叫直言命题或直言判断。一般来说，直言命题由主项、谓项、量项和联项四种词项组成。

所有西瓜都是水果。

上例中的"西瓜"是主项，"水果"是谓项，"所有""都"是量项，"是"是联项。在这种采取"主项-谓项"形式的命题中，谓项要对主项有所断定。从命题形式的角度说，直言命题可以看作是表达主项和谓项的包含关系的。如上例中可以看作是断定了西瓜的集合包含于水果的集合之中。

性质命题可分为五种基本类型。

全称肯定判断 所有S都是P。

可写为"SAP",简称为"A"判断。

例如:熊类都是哺乳动物。

全称否定判断 所有 S 都不是P。

可写为"SEP",简称为"E"判断。

例如:每片树叶都不是一样的。

特称肯定判断 有S是P

可写为"SIP",简称为"I"判断。

例如:有的老虎是白色的。

特称否定判断 有S不是P。

可写为"SOP",简称为"O"判断。

例如:有的东西不是金钱能买到的。

单称肯定判断 某个S是P。

可写为"SaP",简称为"a"判断。

例如:天空是蓝的。

值得一提的是,在我们的日常交际中,常常会用到直言判断。但是由于日常语言表达的随意性,直言判断往往以不规范的形式呈现。因此,在逻辑分析中我们应先将其整理成规范形式。例如,"凡人皆有死",应整理成"所有的人都是要死的",这是 A 判断;"有人不自私",应整理成"有的人不是自私的",属于 O 判断。

2. 直言三段论的基础

前面我们已经介绍了什么叫直言三段论。因此，在这一小节中，我们从直言三段论的组成成分入手，重点分析如何利用直言三断论来帮助推理。

企业都是应该纳税的，A是一家企业。所以，A是应该纳税的。

这是一个标准的直言三段论。"所以"之前为前提部分，"所以"之后为结论部分。其中，结论中的主项叫做小项，用"S"表示，如上例中的"A"；结论中的谓项叫做大项，用"P"表示，如上例中的"应该纳税"；两个前提中共有的项叫做中项，用"M"表示，如上例中的"企业"。

在三段论中，其前提又可分为大前提和小前提。其中大前提是指含有大项的前提条件。小前提是指含有小项的前提条件。如上例中的"企业都是应该纳税的"，这就是大前提；"A是一家企业"，这就是小前提。

三段论的具体应用表现在三段论推理中。这个推理过程主要是借助中项的媒介作用，结合前提中表明的大前提与小前提的关系，从而推导出确定结论。

细心的读者可能不难发现，这些项所指的对象范围（外延）呈现出了一定的大小顺序，即小项 < 中项 < 大项。

3.2 好玩的逻辑题

1. 谁有嫌疑

对某受害人的五位朋友进行侦查分析后，四个警员各自做出了如下推测：

甲说："这五个人都有嫌疑。"

乙说："老陈不能逃脱干系，他有嫌疑。"

丙说："这五个人不都是有嫌疑的。"

丁说："五人中肯定有人作案。"

如果四个人中只有一个人推测正确，那么以下哪项为真？

A. 甲推测正确，老陈最有嫌疑。

B. 丙推测正确，老陈没有嫌疑。

C. 丙推测正确，但老陈可能作案。

D. 丁推测正确，老陈有嫌疑。

【答案】B

【解析】本题考查的是直言命题之间的矛盾关系。

第一步：把推测化为标准形式。直接根据已知信息可以知道，甲说的是SAP命题，乙说的是SaP命题，丙说的是SOP命题，丁说的是SIP命题。

第二步：找突破口。甲说的（SAP命题）与丙说的（SOP命题）之间是矛盾关系，即"一假一真"，因此其中必定有一个假命题和一个真命题。

第三步：根据题意，只有一人推测正确，结合上述结论，从而可以得到乙和丁两人所说的均是假命题。对应也就得到，"老陈是没有嫌疑的"和"所有人没有嫌疑"，此处便可以直接选择B选项了。

第四步：再回过头来，由第三步的结论就可以得到甲说的是假的，丙说的是真的。因此答案选择B。

2. 选购冰箱

售货员对顾客说，压缩机是冰箱的核心部件。企鹅牌冰箱采用与北极熊牌冰箱同样高质量的压缩机。由于企鹅牌冰箱的价格比北极熊牌冰箱的价格要低许多，所以，当你买企鹅牌冰箱而不是北极熊牌冰箱时，你花的钱更少却能得到同样的制冷效果。

下面哪一项如果被证实，就能合理地推出售货员得出结论所用的假设？

A. 北极熊牌冰箱的广告比企鹅牌冰箱的广告多。

B. 售货员卖出一台企鹅牌冰箱所得的收入比卖出一台北极熊牌冰箱得到的收入少。

C. 冰箱的制冷效果仅仅是由它的压缩机的质量决定的。

D. 企鹅牌冰箱每年的销量比北极熊牌冰箱每年的销量大。

【答案】C

【解析】本题考查的是求同法。首先，分析题干信息。题干中介绍了企鹅牌冰箱和北极熊牌冰箱虽然在价格、品牌等方面是不同的，但是两者都有相同的压缩机，从而得出它们之间具有相同的制冷效果。这里需要使用求同法，通过比较两种冰箱所具有的相同点（核心元件压缩机），而其他方面是不同的，并以此相同点为原因推出其产生的结果（制冷效果）也相同。如果要使这个推理过程成立，显然必须先假设压缩机质量和制冷效果之间具有唯一的因果关系。

接下来，分析各个选项。A、B和D选项，均涉及了与题干结论无关的一些概念，比如"广告""收入"和"销量"等，因此这些都是无关选项。对于C选项，正是题干中推理所必需的假设，否则，如果冰箱的制冷效果"不"仅仅由压缩机的质量来决定，那么，售货员的说法就不成立了，因此，C选项为正确答案。

3. 测谎的原理

研究人员把受试者分成两组：第一组做半个小时自己的事情，但不做会导致说谎行为的事；第二组被要求偷溜出去再回来，并且在测试时说谎。之后，研究人员会让受试者戴上特制电极，以记录被询问时的眨眼频率。结果发现，第一组眨眼频率会微微上升，但第二组的眨眼频率先是下降，然后大幅上升至一般频率的10倍。由此可见：通过观察一个人的眨眼频率，可判断他是否在说谎。对以下哪项问题的回答，几乎不会对此项研究的结论构成质疑？

A. 第一组和第二组受试者在心理素质方面有很大差异吗？

B. 第二组受试者是被授意说假话，而不是自己要说假话，由此得出的说假话与眨眼之间的关联可靠吗？

C. 用于第一组和第二组的仪器设备是否有什么不同？

D. 说假话是否会导致心跳加速，血压升高？

【答案】D

【解析】本题考查了求异法。

首先，分析题干信息。题干中：第一组未说谎，眨眼频率微微上升；第二组被要求说谎，眨眼频率和第一组不同；然后，研究人员通过求异法得到了人说谎和眨眼频率之间有因果关系，即可以通过观察一个人的眨眼频率来判断他是否在说谎。之后，题目的要求是找到几乎无法质疑结论的选项。

接着，分析各个选项。求异法的关键在于主要的不同点只能有一个，其他的都相同或者都是不能影响结果的。在题干中，两个小组之间都是事先被授意的，最后的结论是说谎与眨眼之间有关系，没有包含被授意这个条件。显然，这里面并未排除掉事先授意是否会对眨眼频率产生影响，这是值得质疑的，因此B选项是合理的。

再看A，提到了两组受试者之间心理素质上的不同，这同样也可能影响实验结果，因此也是能够质疑的；C项，设备差异与实验结果之间肯定有联系，也是可以质疑结论的；D项，并未涉及实验中的两个小组，无法对结论构成质疑。

📑 3.3　烧脑的逻辑故事

1. H到底是哪种人

相传在一座名为黑白岛的小岛上，居住着爱斯基摩土著人和北婆罗洲土著人。都说一山不容二虎，其实一个小岛上也容不下两个民族的人。这倒不是因为小岛的空间小，而是因为这两个民族之间的人互相不相容。他们围绕小岛的领导权三天一大吵，两天一小吵，简直吵得不可开交，但最终也没有吵出一个结果来。

后来有人想出了一个办法，有效终结了这种相互争吵的局面。这也是这个小岛之所以名为黑白岛的原因。原来这个办法是，让这两个民族的人分别穿上黑白两种颜色的衣服，各自占据小岛的一半，统领各自的民族。于是小岛上有了规定：所有爱斯基摩土著人都是穿黑衣服的，所有北婆罗洲土著人都是穿白衣服的，并且没有穿白衣服又穿黑衣服的人。

一天，岛上有个名为H的人因为误吃了一种野果导致失忆了，他无法想起自己到底是爱斯基摩土著人还是北婆罗洲土著人。但是H是穿白衣服的。于是H找人求助，找了很多人都没能判断出H到底是属于哪个种族的人。最后在一位逻辑学家的帮助下，H确定了自己不是爱斯基摩土著人。

从"所有爱斯基摩土著人都是穿黑衣服的"这个命题中可以推出，H不是爱斯基摩土著人。因为H不穿黑衣服。故事中说到"所有北婆罗洲土著人都是穿白衣服的"，但这个"白衣服"没有周延（周延性指命题中主项或谓项的外延是否被全部断定。若命题直接或间接断定了某项的全部外延，则该词项周延；反之则不周延），也就是说，北婆罗洲土著人都是穿白衣服，但穿白衣服的不一定是北婆罗洲土著人，其他人也可能穿白衣服（"穿白衣服"的外延没有被全部断定）。所以只能断定H不是爱斯基摩土著人。

2. 外校学生名校借阅证案例

某著名大学拥有全国最丰富的图书馆藏书，吸引了大量外校学生前来查阅资料。为了方便管理并促进知识共享，校方规定：所有外校学生需办理临时阅览证，持证者可进一步申请借书证。一天，图书馆管理员接到两起投诉，称无法借阅书籍。这两人中，一个自称是来自X校的学生且是围棋社成员，另一个自称是已办理临时阅览证的围棋社成员。管理员随即向校务处核实信息。

校务处提供的数据如下：

① 所有X校的学生都办理了临时阅览证

② 所有办理临时阅览证的学生都获得了借书证

③ 部分X校的学生担任图书馆志愿者

④ 部分围棋社成员担任图书馆志愿者

⑤ 所有围棋社成员均未获得借书证

如果你是管理员，你会怎么判断呢？通过数据可得出：所有X校学生都有借书证（由①、②条推出）；所有围棋社成员都没有借书证（第⑤条）。

由此发现矛盾：若某人既是X校学生又是围棋社成员，则他应同时"有借书证"和"无借书证"，这是不可能的。因此第一个投诉者身份不实。同理，已办临时阅览证者必有借书证（第②条），但围棋社成员均无借书证，故第二个投诉者身份也不实。

3. 谁抛了股票

"股市有风险，入市需谨慎。"尽管这是一句大家都耳熟能详的话，股民也能够深深明白这句话的意思，但却仍然无法做出正确的决定。造成这种结果的很大原因是：金钱的诱惑力太大，大到让人往往无法做出理智的决定。而股市又太任性，让人无法捉摸透它的脾气。这些因素的共同作用更加深了股民对股市的痴迷程度，而这些股民们总是几家欢喜几家愁。

2015年4月，股市出现了强劲反弹。某证券部门通过对该部门股民持仓品种的调查发现，大多数经验丰富的股民买了A股，所有年轻的股民都选择了B股，而所有买了A股的股民都没买B股。证券部门的调查结果公示后，不同的人从中读出了不同的意思。有人说："有些年轻的股民是经验丰富的股民。"也有人说："有些经验丰富的股民没买南海军工股票。"还有人说："年轻的股民都没买A股。"

在大家的猜测声中，该证券部门公布了其调查背后的正确意思：有些经验丰富的股民没买B股，年轻的股民都没买A股。

"所有年轻的股民都选择了B股"，这是一个全称肯定命题，由此可以推出它的逆反命题，即选择了A股的都不是年轻的股民。所以得出结论：年轻的股民都没买A股。"大多数经验丰富的股民买了A股"，这是一个特称肯定命题，再看第三个条件，"所有买了A股的股民都没有买B股"，由这两个条件可以推出，有些有经验的股民没有买B股。

4. 4×100米比赛参与者

在遥远的西方有一个矮人国，在这个国家每年有两件举国欢庆的大事。一件事情是全民比身高大会；另一件事情是全民田径运动。而在整个田径运动中，又数颁奖典礼环节最为热闹。但是在今年的颁奖典礼中出现了一个小插曲。

国王已经准备好了丰盛的奖品，而那些经过奋力拼搏的运动员们也已经做好了准备，就等国王宣读自己的名字后上台领奖了。这个时候，一位大臣向国王提议说，作为一个全面发展的国家，我们不仅要有健壮的体魄，还应该有严谨的思维，应该现场考查这些优秀运动员的思维能力。于是现场为运动员出了一道题,答对者奖品翻倍,答错者取消领奖资格。

大臣出的题目是:在本届运动会上,所有参加 4×100 米比赛的田径运动员都参加了 100 米比赛。再加上一项什么陈述,可以合乎逻辑地推出"有些参加 200 米比赛的田径运动员没有参加4×100 米比赛"?

这下现场炸开了锅,运动员甲说:有些参加 200 米比赛的田径运动员也参加了 100 米比赛。运动员乙说:有些参加 4×100 米比赛的田径运动员没有参加 200 米比赛。运动员丙说:有些没有参加 100 米比赛的田径运动员参加了 200 米比赛。运动员丁说:有些没有参加 200 米比赛的田径运动员也没有参加 100 米比赛。

聪明的读者,你知道谁说对了吗?没错,丙是这次双倍奖品的获得者,也就是说丙答对了。

那么原因何在呢?对于这道题的推理过程,大家可以使用假设法,即假设某一个条件是正确的,将这个条件代入题干中,看所得出的结论是否与已知结论相一致。如果与已知结论相一致,则假设成立。反之,假设错误。

在这道题中,大家可以假设丙的回答是正确的,即有些没有参加 100 米比赛的田径运动员参加了 200 米比赛。而这个条件的另一个意思就是,有些参加 200 米比赛的田径运动员没有参加 100 米比赛。因为题干中说到,所有参加 4×100 米比赛的田径运动员都参加了 100 米比赛,所以由丙的条件可以合乎逻辑地推出"有些参加 200 米比赛的田径运动员没有参加4×100米比赛"。

最后国王宣布:丙是这次活动的最终冠军,因为丙向国人展现了其严谨的逻辑思维能力,为国人树立了一个学习的榜样,无愧这个冠军头衔,理应获得双倍奖品。

5. 你妈喊你回家吃饭

在H市中心有一所中学,是该市的一流中学。学校响亮的名号吸引了来自不同地方的学生。这些来自不同地方的学生又形成了两个"派别",一派回家吃饭,一派留校吃饭。

假设所有骑自行车上学的学生都回家吃午饭,结论是有些家在郊区的学生不骑自行车上学。为使上述论证成立,还应该补充一个什么条件?

甲:骑自行车上学的学生家都不在郊区。

乙:回家吃午饭的学生都骑自行车上学。

丙:家在郊区的学生都不回家吃午饭。

丁:有些家在郊区的学生不回家吃午饭。

通过分析题干可以知道,这是一个三段论,只不过缺少了一个前提条件。而要补充一个有了结论但是缺少前提条件的三段论目标十分明确,只需找准中项即可。在这个三段论中,"回家吃午饭"是中项。所以,在需要补充的前提条件中必须包括"家在郊区"和"不回家吃午饭"两个条件。综合来看,只有丁的回答是正确的,既包括了"家在郊区"这个条件,又包括了"不回家吃午饭"这个条件。

第4章

复合命题及其推理

第3章中讲到的命题是一种简单的命题形式。但是在实际生活中，我们遇到的问题往往比较复杂，于是复合命题应运而生。既然有了复合命题，那么推理复合命题也就是水到渠成的事情。本章将着重介绍复合命题及其推理。

4.1 从零开始学复合命题及推理

复合命题是指由两个或两个以上的简单命题组成的命题形式。这些简单命题通常是由一些逻辑联结词连接成复合命题。复合命题又能细分为联言命题、选言命题和假言命题。

1. 联言命题

联言命题是复合命题中的一种基本类型，这是对某一事物的多种情况同时存在的判断。

要想成功达到减肥的目的，既要管住嘴，又要迈开腿。

这就断定了成功减肥必须要"管住嘴"和"迈开腿"这两种情况同时存在。

由此可以得出，联言支的真假决定了联言命题的真假。换句话说，如果一个联言命题的每个支命题都真时，那么这个联言命题为真；反之，如果联言命题中有一个支命题是假的，那么整个联言命题就是假的。简单来说，可以概括为一假则假。

联言命题的推理形式可以分为两种类型，分别为分解式和组合式。

（1）分解式

由一个真联言命题，可推出各联言支为真。

鲁迅是思想家，也是文学家。所以可以说，鲁迅是文学家。

（2）组合式

是指由各联言支为真推出联言命题为真的推理形式。

李小鹏是奥运冠军，田亮也是奥运冠军。所以，李小鹏和田亮都是奥运冠军。

2. 选言命题

选言命题是复合命题中的第二种基本类型，这是对某一事物多种可能情况的判断。换句话说，这是一种表示从多种情况中选择一种情况的命题。

明天或者去上班，或者在家休息。

这个选言命题表明了明天的安排有两种可能性，"或者去上班"和"或者在家休息"，并且只能在这两种情况中选择一种。

选言命题同样由支判断组成，这些支判断通常在两个及两个以上。同时这些支判断就是选言命题的支命题，也被称为选言支。选言支之间存在相容或不相容两种关系，根据这两种关系选言命题又可分为相容选言命题与不相容选言命题两种类型。

（1）相容选言命题

如果选言命题中各选言支之间属于相容关系，那么这个选言命题就称为相容选言命题。也就是说多个选言支之间可以是共同为真的关系。

典型形式 p 或者q

小黑的成绩差，也许是由于他的学习习惯不好，也许是由于他的学习兴趣不大。

由这个例子可以看出，在相容的选言命题中，所断定事物的若干可能情况是可以并存的。也就是说"学习习惯不好"和"学习兴趣不大"也可共同导致"成绩差"这一结果。

有了相容选言命题就有相应的相容选言推理。这种推理形式属于选言推理，其特征是以相容选言命题作为前提的。

从相容选言命题的概念中可以知道，相容选言命题的各选言支可以同时为真。由此，可以总结出两条推理规则：

● 在相容选言命题的推理中，否定一部分选言支，并不能推出其余选言支为真。
● 在相容选言命题的推理中，肯定一部分选言支，也不能推出其余选言支为假。

（2）不相容选言命题

如果选言命题中各选言支之间属于不相容关系，那么这个选言命题就叫做不相容选言命题。在不形容选言命题中，尽管一个事物被认为有多种可能情况存在，但实际上有而且只有一种真实情况存在。

典型形式 要么p，要么q

一个人，要么是男人，要么不是男人。

从这个例子中可以看出，在不相容的选言命题中，它所判断的关于事物的几种可能情况是不能并存的。

由不相容选言命题的概念可以知道，只有在恰好有一个选言支为真时，整个选言命题才为真。同理，如果要得到整个选言命题为假，那么要求所有的选言支都为假或不止一个选言支为真。

由不相容的选言命题可得出不相容的选言推理。这是相容选言推理的逆向思维，在逻辑推理过程中有着重要地位。不相容选言推理有两个重要形式，记住这两个形式能够让我们在逻辑推理过程中节省时间。这两个形式分别是否定肯定式和肯定否定式。

否定肯定式：要么甲获得了冠军，要么乙获得了冠军。甲没有得冠，所以，乙得冠了。

肯定否定式：张亮现在不是在上海，就是在深圳。张亮在深圳，所以，他不在上海。

从不相容选言命题的概念可以得到，不相容选言命题具有选言支不能同时为真的逻辑性质。由这个性质可以得出不相容选言推理的两条规则：

● 在一个不相容选言命题中，如果要肯定其中一个选言支，那么，就要否定其余所有的选言支。
● 在一个不相容选言命题中，如果要否定多个选言支，就要肯定其余不被否定的那些选言支。

3. 假言命题

复合命题的第三种形式是假言命题。如果一个命题是对事物之间条件关系的判断，那么这个命题就是假言命题。在假言命题中，同样有多个支命题存在。为了更好地区分各种假言命题的类型，我们用"前件"来指代假言命题中表示前提条件的支命题，用"后件"来表示由"前件"推出的结论命题。值得注意的是，假言命题的逻辑性质由假言命题的联结词直接决定。

（1）必要条件假言命题

在一个假言命题中，如果前件是后件的必要条件，那么，这个假言命题叫做必要条件假言命题。所谓前件是后件的必要条件，是指后件事物必须在前件事物存在的情况下才能存在。即前件存在是后件存在的必不可少的条件，没有前件就没有后件。

典型形式 只有p，才q。

同理，由必要条件假言命题可以得到必要条件假言推理。这种推理同样有两种形式，它们分别为否定前件式和肯定后件式。

在乔布斯的引领下，才有了苹果手机。所以，没有乔布斯，就没有今天的苹果手机。

从这句话中我们可以推出，今天之所以有了苹果手机，是因为当初有乔布斯的存在。因此这是一种否定前件式的必要条件假言推理。

只有学习逻辑学，才能拥有严谨的逻辑思维。一个人有严谨的逻辑思维，那么，他一定有接受过逻辑学训练。

这是一个肯定后件式必要条件假言推理。

在运用必要条件假言推理时要注意，前件反映的情况通常只是后件必不可少的条件之一，它往往需要与其他条件相结合才能共同导致后件。由此得出必要条件假言推理有两条规则：

- 在必要条件假言推理中，否定后件并不能否定前件。例如："如果没有空气，就没有人类存在。"现在没有人类存在，但不能直接推出没有空气，因为可能存在其他原因导致没有人类存在，而不仅仅是空气的缺失。
- 在必要条件假言推理中，肯定前件不能必然推导出肯定后件，但肯定后件可以必然推导出肯定前件。例如："有空气"并不能推出"一定有人类存在"，因为空气只是人类存在的必要条件，而非充分条件；但反过来，"有人类存在"却可以必然推导出"一定有空气"，因为空气是人类生存不可或缺的前提条件。需要注意的是，这一推理仅确认空气是必要条件，并不表示空气是人类存在的"唯一原因"，其他必要条件（如水、适宜温度等）也需要同时为真。

只有荔枝来了，才能博得杨贵妃一笑。荔枝送来了，所以，杨贵妃一定笑了。

这个推理是必要条件假言推理的肯定前件式，根据规则，它是错误的。

（2）充分条件假言命题

在一个假言命题中，如果前件是后件的充分条件，那么，这个假言命题叫做充分条件假言命题。

如果你停止学习，那么你就要落后。

上面就是一个充分条件的假言命题。因为一个人不学习就会停滞不前，那么就要落后。也就是说"停止学习"必然导致"落后"。所以前件"停止学习"，是后件"就要落后"的充分条件。

在充分条件假言命题中，通常会有明显的联结词作为语言标志。这类型的联结词有："如果……那么……""只要……就……""若……必……"等。

典型形式 p，那么 q。

由于在充分条件假言命题中，前件是后件的充分条件，也就是说，前件为真后件必然成立。如果在一个充分条件的假言命题中，它的前件为真，后件却为假，那么，可以得出这个假言命题为假。这一点对于准确把握一个充分条件假言命题的逻辑性质来说，是非常重要的，因此要重点掌握。

如果过度排放氟利昂，就会造成臭氧层空洞。

从这个例子中可以看出，只有在"过度排放氟利昂但臭氧层没有空洞"的情况下，这个充分条件假言命题才是假的，除了这种情况之外，这个命题都是真的。

由充分条件假言命题可以得到充分条件假言推理。这种推理有两种形式，分别为肯定前件式和否定后件式。

如果学生总是迟到旷课，就会被批评处分。有个学生总是迟到旷课，结果被批评处分了。

这个例子属于肯定前件式充分条件假言推理。

如果天下雨，我就延迟我的出游计划。如果我没有延迟我的出游计划，说明没有下雨。

这个例子属于否定后件式充分条件假言推理。

4.2　好玩的逻辑题

1. 谁及格了

关于甲班体育达标测试，三位老师有如下预测：

张老师说："不会所有人都不及格"。

李老师说："有人会不及格"。

王老师说："班长和学习委员都能及格。"

如果三位老师中只有一人的预测正确，则以下哪项一定为真？

A. 班长和学习委员都没及格。

B. 班长和学习委员都及格了。

C. 班长及格，但学习委员没及格。

D. 班长没及格，但学习委员及格了。

【答案】A

【解析】本题考查了联言命题。本题中张老师说的其实是"有人会及格"，也就是SIP命题，而李老师说的是SOP命题，这两者是下反对关系，也就是"可以同真，不能同假"，因此这两人当中一定有一个人的预测是正确的。再根据题意，只有一人预测正确，从而可以得到王老师所说的联言命题一定是假的。

如果王老师的联言命题为假，那么当中至少有一个分支命题也是假的。也就得到"班长和学习委员当中至少有一个人没能及格"，也就得到了"有人不会及格是真的"；再进一步，李老师说的为真，那么张老师说的一定为假，也就是"有人会及格"为假，从而可以得到"所有人都没及格"。对应的，只有A选项符合。

2. 来自火星的陨石

在印度发现了一群不平常的陨石，它们的构成元素表明，它们只可能来自水星、金星和火星。由于水星离太阳最近，它的物质被太阳吸引而不可能落到地球上；这些陨石也不可能来自金星，因为金星表面的任何物质都不可能摆脱它和太阳的引力而落到地球上。因此，这些陨石很可能是在某次巨大的碰撞后从火星落到地球上的。

上述论证方式和以下哪些最相似?

A. 这起谋杀或是劫杀，或是仇杀，或是情杀。但作案现场并无财物丢失；死者家属和睦，夫妻恩爱，并无情人。因此，最大的可能是仇杀。

B. 如果张甲是作案者，那必有作案动机和作案时间。张甲确有作案动机，但没有作案时间。因此，张甲不可能是作案者。

C. 此次飞机失事的原因，或是人为破坏，或是设备故障，或是操作失误。被发现的黑匣子显示，事故原因确是设备故障。因此，可以排除人为破坏和操作失误。

D. 所有的自然数或是奇数，或是偶数。有的自然数不是奇数，因此，有的自然数是偶数。

【答案】A

【解析】本题考查了选言命题。

题中信息较多，我们只需要从逻辑的角度进行分析即可。题干的信息可以精简为"陨石来自水星、金星或者火星，由于……不可能来自水星，因为……不可能来自金星，因此，确定来自火星"。这是一个典型的相容选言命题的真假推理过程，因为陨石至少来自三个星球当中的一个，排除了其中两个，那么可以得到陨石一定来自另一个星球。

观察四个选项，只有选项A的推理形式最为相似。而选项B是假言命题的推理，选项C和选项D均是不相容的选言命题。

3. 寻找杀人犯

经公安机关讯问，已知下列判断为真：

① 若甲和乙都是杀人犯，则丙是无罪的；

② 丙有罪，并且丁的陈述正确；

③ 只有丁的陈述正确，乙才是杀人犯。

由此可以推出下列哪项是正确的？

A. 甲、丙是杀人犯。

B. 丙、丁是杀人犯。

C. 甲不是杀人犯，乙是杀人犯。

D. 甲是杀人犯，乙不是杀人犯。

【答案】C

【解析】本题考查了假言命题等。

首先，分析命题的类型：①是假言命题，②是联言命题，③是假言命题。根据题意，三个命题均为真，再结合用来判断命题真假的真值表，可以发现：只有②能直接得出p和q命题的真假，并且得到p和q均为真命题。

然后，结合刚才得到的结论，回过头来看其他两个命题。对于①，已经知道命题q，即"丙是无罪的"是假的。再根据充分条件假言命题的推理可以得到：复合命题为真，q为假，那么p一定也为假，即"甲和乙都是杀人犯"是假命题。对于③，已经知道命题p，即"丁的陈述正确"是真的。再根据必要条件假言命题的推理可以得到：复合命题为真，p为真，那么q一定也为真，即"乙是杀人犯"是真的。

最后，"甲和乙都是杀人犯"是个联言命题为假，命题q，也就是"乙是杀人犯"为真，那么可以得到命题p，即"甲是杀人犯"一定为假。综合可以得到，选项C是正确的。此外，对于B项无法由已知条件判断出真假。

4. 重大好消息

最近，小王和小孙业绩完成得非常出色，连续三个月超额完成任务。这让总经理非常高兴，当众宣布要提拔他们两个人。小王和小孙听到这个好消息后，工作得更加卖力了。于是总经理去找董事长商量提拔小王和小孙的事。

总经理：“我主张小王和小孙两人中至少提拔一人。”

董事长：“我不同意。”

以下哪项最为准确地表述了董事长的实际意图？

A. 小王和小孙两人都得提拔。

B. 小王和小孙两人都不提拔。

C. 小王和小孙两人中至多提拔一人。

D. 如果提拔小王，则不提拔小孙。

【答案】B

【解析】总经理的话是一个联言命题，即最好提拔小王和小孙，两个人中不能一个都不提拔。董事长对这个联言命题进行了否定，实际上是肯定了这两个人都不提拔。

5. 逻辑学大会

第×届国际逻辑学、方法论和科学哲学大会在某国举行，哈克教授、马斯教授和雷格教授中至少有一人参加了这次大会。已知：

① 报名参加大会的人必须提交一篇英文学术论文，经专家审查通过后才会发出邀请函。

② 如果哈克教授参加这次大会，那么马斯教授一定参加。

③ 雷格教授向大会提交了一篇德文的学术论文。

根据以上情况，以下哪项一定为真？

A. 哈克教授参加了这次大会。

B. 马斯教授参加了这次大会。

C. 雷格教授参加了这次大会。

D. 哈克教授和马斯教授都参加了这次大会。

【答案】B

【解析】本题考查了充分条件假言命题。

首先，由③和①可以组成一个三段论的两个前提，从而可以推出雷格教授是没有参加大会的。又根据题意至少有一人参加大会，因此可以得到哈克教授和马斯教授当中一定有一个人是参加了这次大会。

由于②是一个充分条件假言命题，可以分析它的真值表。得到：哈克教授参加大会为真时，马斯教授参加大会也为真。若哈克教授参加大会为假时，那么根据题意，马斯教授必定参加大会。综合以上可以得到，无论怎样，马斯教授一定参加了这次大会。因而答案选择B。

6. 时间流逝：红了樱桃，绿了芭蕉

甲说："如果红了樱桃，那么绿了芭蕉。"

乙说："我不同意。"

那么，乙实际上同意下列哪项？

A. 只有芭蕉绿，樱桃才红。

B. 只要芭蕉不绿，樱桃就不红。

C. 除非樱桃没红，否则芭蕉不绿。

D. 樱桃红了，但是芭蕉没绿。

【答案】D

【解析】甲说的话实际上是一个充分条件假言命题。乙的话实际上是使得这个充分条件假言命题变成了其否定形式。而这个充分假言命题的否定形式就是"红了樱桃且芭蕉没有绿"。所以D选项正确。

甲又说："只有红了樱桃，才会绿了芭蕉。"

乙说："我不同意你的看法。"

那么，乙实际上同意下列哪项？

A. 如果芭蕉绿了，那么樱桃红了。

B. 除非芭蕉不绿，否则樱桃红了。

C. 樱桃没红，但芭蕉绿了。

D. 或者樱桃红了，或者芭蕉没绿。

【答案】C

【解析】这次甲说的话是一个必要条件假言命题。乙依然否定了这个必要条件假言命题。而这个必要条件假言命题的否定形式为"樱桃没红，芭蕉绿了"。所以选项C正确。

7. 谁是小偷

一个晚上，一家百货商店被盗，案发后，有关方面经过反复侦查，得到如下事实：

① 盗窃财物的是甲或乙；

② 如果甲盗窃财物，则作案时间不在零点之前；

③ 零点商店的灯熄了，而甲此时尚未回家；

④ 若乙的证词正确，则作案时间在零点之前；

⑤ 只有零点时商店灯未熄，乙的证词才不是正确的。

试推断盗窃者究竟是谁，并写出推导过程。

【答案】乙

【解析】本题考查了选言命题等。

首先，分析各命题的类型。①是选言命题，②和④是充分条件假言命题，③是联言命题，⑤是必要条件假言命题。根据题意，五个命题均为真，可以发现其中只有联言命题③可以直接判断出命题p和命题q的真假。因为，联言命题为真时，命题p和q一定为真，也就是"零点商店的灯熄了"和"甲在零点尚未回家"是真的。

然后，结合上面推出的结论，分析相关命题的真假。现已知必要条件假言命题⑤是真的，其中p为假的，由真值表可以得到，命题q一定是假的，从而得到"乙的证词是正确的"为真命题。

同样的，现已知充分条件假言命题④和其中的命题p是真的，根据真值表可以得到命题q，即"作案时间在零点之前"一定是正确的。这时候就得到了②中的命题q是假的，而充分条件假言命题②是真的，从而可以得到命题p，即"甲盗窃财物"是假的。

最后，由选言命题①为真，"甲盗窃财物"为假，很容易就能得到只有乙是盗窃者。

8. 谁是译者

已知下列条件。

① 《神鞭》的首次翻译出版用的或者是英语或者是日语，二者必居其一。

② 《神鞭》的首次翻译出版或者在旧金山或者在东京，二者必居其一。

③ 《神鞭》的译者或者是林浩如或者是胡乃初，二者必居其一。

如果上述断定都是真的，则以下哪项也一定是真的？

Ⅰ. 《神鞭》不是林浩如用英语在旧金山首先翻译出版的，因此，《神鞭》是胡乃初用日语在东京首先翻译出版的。

Ⅱ. 《神鞭》是林浩如用英语在东京首先翻译出版的，因此，《神鞭》不是胡乃初用日语在东京首先翻译出版的。

Ⅲ. 《神鞭》的首次翻译出版是在东京，但不是林浩如用英语翻译出版的，因此一定是胡乃初用日语翻译出版的。

A. 仅I。

B. 仅II。

C. 仅III。

D. 仅II和III。

E. I、II和III。

【答案】B

【解析】本题考查了选言命题。

首先，精简题目信息，可以得到3个不相容选言命题：语言上，要么是英语，要么是日语；地点上，要么是在旧金山，要么是在东京；译者方面，要么是林浩如，要么是胡乃初。

接下来分析I、II和III这三个推理过程。

对于I，"林浩如用英语在旧金山首先翻译出版"不成立，那就意味着"译者是林浩如""语言是英语"和"地点在旧金山"这三个命题中间至少有一个为假，并不代表着它们一定都是假命题。但是只有它们都是假命题时，才能推出"胡乃初用日语在东京首先翻译出版"。所以，I选项不一定为真。

对于II，"林浩如用英语在东京首先翻译出版"成立，那么可以得到"译者是林浩如""语言是英语"和"地点在旧金山"这三个命题都是真命题，这就意味着一个命题中只要有与这三个命题中任意一个不相符，那么就是不成立的。而在"胡乃初用日语在东京首先翻译出版"中"译者是胡乃初"这个命题与前面三个命题中的一个矛盾，因此该命题是不成立的。因此II一定为真。

对于III，由"不是林浩如用英语翻译出版的"成立可以得到"译者不是林浩如"和"语言不是英语"当中至少有一个成立，这并不意味着两个命题同时成立。但是，只有两个命题同时成立时，才能推出"胡乃初用日语翻译出版的"。因此，III不一定为真。

综合信息可以得到，正确答案应该是选项B。

📰 4.3　烧脑的逻辑故事

1. 华盛顿找马

华盛顿是美国第一任总统，在年少时就很聪明，这个故事就发生在他小时候。有一次，华盛顿家里的马被人偷了，他找了好几天，终于找到了自己丢失的马，这匹马正在小偷的农场里。于是，华盛顿便叫来了警察，准备将这匹马拉回，可是小偷却不肯承认，坚决地说道："这匹马就是我的。"此时，旁边的警察也无法辨别这匹马究竟是谁的，只能对两人说："你们谁能拿出证据，这匹马就是谁的？"

华盛顿听了警察的话，马上双手把马的两只眼睛遮住，先问这个小偷："如果这匹马是你的，你肯定知道马的哪只眼睛是瞎的？"小偷心里有点发虚，但是琢磨着：不回答的话也就是向警察承认了马不是自己的，回答的话总有50%的机会，因为不是左眼就是右眼嘛。小偷便慢慢地回答道："左眼。"华盛顿便放开了遮住左眼的手，请警察仔细看了一下，马的左眼并没有瞎。

小偷这时有点着急了，便马上解释说："警官，我这里的马太多了。我记错了，这匹马的右眼是瞎的，这回错不了。"华盛顿又放下蒙右眼的手，警察一看，马的右眼也没有瞎。小偷这时候还要辩解："我真是太糊涂了……"警察打断了他的话，说道："现在已经能够证明这匹马不是你的，你必须把马还给华盛顿先生。"最后华盛顿牵着马回自家的农场了。

在这个故事中，华盛顿为什么能够设置这个陷阱，并且引小偷掉进其中呢？正是因为华盛顿利用了问题的迷惑性。华盛顿的问题是"马的哪只眼睛是瞎的"，实质上就是在诱导小偷：这匹马要么左眼是瞎的，要么右眼是瞎的，这是一个不相容选言命题。小偷做贼心虚，没有料到这个不相容选言命题是错的，还以此来回答问题，也就掉进了这个陷阱。

2. 电商的故事

电商为许多有梦想的人提供了施展才华的舞台。许多人在这个舞台上尽情释放自己的智慧，最终收获了丰厚的回报。成功的电商案例又激励了更多人加入电商队伍中来。这不，小李、小王、小张、小孙也想在电商界分得一杯羹。到底谁最终去做了电商呢？

如果小李去做电商，那么，小孙、小王和小张也都去做电商。如果以上断定为真，可以得到，如果小张不去做电商，那么小李也不去做电商。

看来小张和小李才是一对铁哥们呀！

为何这么说呢？由"如果小张不去做电商"，可以推出，小孙、小王和小张并非都去做电商；如果小孙、小王和小张并非都去做电商，由故事所给出的已知条件，可以推出：小李不去做电商。因此，如果小张不去做电商，那么小李也不去做电商。

3. 篮球队教练的规则

有一个篮球队的教练规定，如果一号队员上场，而且三号队员没有上场，那么，五号与七号队员中至少要有一人上场。教练的规定一经宣布就被贯彻执行，任何队员都必须严格遵守。一号队员由于生病，所以没有上场，结果导致该球队输掉了当天的比赛。赛后教练非常生气，让一号队员给出一个合理的解释，否则就要开除该队员。一号队员仔细研读了教练的规定，给出了一个没有上场的原因，保住了自己在球队的位置。

大家肯定都对一号队员的回答感到好奇。其实一号队员说的是三号、五号、七号队员都没上场。那么为什么这个原因就能让一号队员免遭开除呢？原来是教练的规定有逻辑漏洞。

"一号队员上场，并且三号队员没上场"，是"五号与七号队员中至少有一人上场"的充分条件。现在要求寻找"一号队员没有上场"的充分条件。根据其等价的逆否命题可知道："五号与七号队员都不上场"，是"一号不上场或三号上场"的充分条件。所以在五号与七号队员都不上场，并且三号不上场时能够推出一号不上场。一号队员找到了教练的规定的逻辑漏洞，巧妙地化解了自己的危机。

4. 坚决不犯法

在一间不见天日的监狱里，几个犯人正在聊天。他们到底在聊些什么呢？原来，他们都在吹嘘自己入狱前有多么厉害。

犯人甲说："我是我们那片的金手，只要我一出手，绝对不会失败。"原来这是一个神偷手。犯人乙说："我在我们那片就是国王，每个人都要主动讨好我，臣服于我。"原来这个人是一个大贪官。

这时一位头发花白的犯人说："如果你犯了法，你就会受到法律制裁；如果你受到法律制裁，别人就会看不起你；如果别人看不起你，你就无法受到尊重；而只有得到别人的尊重，你才能过得舒心。所以说你犯了法，日子就不会过得舒心。你们一个个曾经那么厉害，然而今天的日子过得非常糟心。"听了这位老犯人的话后，所有人都沉默不语了。

整理老犯人的话，我们可以得到这样一条逻辑关系，如果犯法，就会受到制裁；如果被制裁，就会被看不起；如果被看不起，就不会被尊重；而只有被尊重，日子才会舒心。即导致日子过得不舒心的最终因素就是犯法。而监狱里的人都是犯法者，那么他们的日子自然不会舒心。所以他们听了老犯人的话后沉默了。

第5章

关系与模态

　　除了简单命题与复合命题,逻辑学中还有关系命题及模态命题。学习完这两种命题形式后,对逻辑学中的命题的学习就可以告一段落了。这两种命题因其包含了某种逻辑关系或者某种逻辑状态,所以对这两种逻辑命题的推理也有一套独特的方法与要求。

📖 5.1　从零开始学关系与模态

1. 关系命题

联系是普遍存在的，万事万物之间都存在着某种联系。因此，当一个命题在判断事物与事物之间存在何种关系时，我们就称这个命题为关系命题。一个完整的关系命题由三个部分组成，分别是关系、关系项和量项。我们将关系命题所陈述的对象称为关系项。在这里，关系项至少为两个，多则不限。如果有两个关系项，我们就称这个关系命题为两项关系命题。当然，如果有三个、四个关系项，则称这个关系命题为三项、四项关系命题，以此类推。

关系命题的逻辑性质由其中的关系所决定，对称性与传递性是关系命题的两种基本性质。

（1）对称性关系

在一个两项关系命题中，如果两个关系项之间存在着对称性关系，则称这个关系命题为对称性关系命题。

对称性关系又分为对称关系，非对称关系和反对称关系三种类型。

① 如果事物1与事物2之间存在着一种确定的关系，同时，事物2也与事物1之间存在着这种确定的关系。那么则称这种确定的关系为对称关系。

小红是小明的亲戚、同学，小明也是小红的亲戚、同学。

小红与小明两人之间同时存在着"亲戚、同学"的关系，所以这个关系命题属于对称关系。

② 如果事物1和事物2之间存在一种确定的关系，但是事物2与事物1之间不能确定是否有这种确定的关系，也就是说事物2与事物1之间可能存在也可能不存在这种确定的关系，那么就称这种关系为非对称关系。

③ 如果事物1与事物2之间存在确定关系，并且事物2与事物1之间肯定不存在这种确定关系，那么则称这种关系为反对称关系。

安琪是奥莉的妈妈，奥莉一定不是安琪的妈妈。

这就是一个典型的反对称关系。具有反对称关系的关系命题，其关系项之间往往范围或者对称程度不一致。

（2）传递性关系

在一个关系命题中，如果其关系项之间存在着递增或者递减这种传递性关系，那么则称这个关系命题为传递性关系命题。传递性关系同样分为传递关系、非传递关系和反传递关系三种类型。

① 如果事物1与事物2之间存在着一种确定的关系，事物2与事物3之间也存在着这种确定关系，并且事物1与事物3之间同样存在着这种确定关系，则称这种关系为传递关系。

直线1平行于直线2，直线2平行于直线3，那么直线1也平行于直线3。

在这个例子中，三条直线都存在着平行关系，并且直线1平行于直线3体现了传递关系。

② 如果事物1与事物2之间存在着一种确定关系，事物2与事物3之间也存在这种确定关系，但是事物1与事物3之间不能确定是否存在这种确定的关系，则称这种关系为非传递关系。

小英家与小伟家是邻居，小伟家与小李家是邻居，小英经常去小李家蹭饭。

从这个例子的描述中，我们并不能确定小英家与小李家是否为邻居关系，他们有可能是邻居也有可能不是邻居。也就说，并不能确定小英家与小李家的关系，所以这是一种非传递关系。

③ 如果事物1与事物2之间存在一种确定的关系，事物2与事物3之间也存在着这种确定关系，但是事物1与事物3之间肯定不存在这种确定关系，则称这种关系为反传递关系。

太爷爷是爷爷的爸爸，爷爷是爸爸的爸爸，太爷爷一定不是爸爸的爸爸。

很显然，太爷爷是爸爸的爷爷，所以这是一种反传递关系。

2. 模态命题

在逻辑推理中，我们常常会看到诸如"必然""可能""不可能""一定"等词语，这些词语叫作"模态词"。如果一个命题中包含着诸如此类的模态词，那么，这个命题就称为模态命题。

在模态命题中，根据模态词的性质，可将模态命题分为可能模态命题、可能不模态命题、必然模态命题、必然不模态命题四种类型。

在模态命题的推理中，矛盾关系推理是最为基础的推理理论。运用矛盾关系进行推理也是模态命题推理中最为常见的一种推理形式，因此要重点掌握。

📰 5.2 好玩的逻辑题

1. 乒乓球比赛

体育馆内正进行一场乒乓球双打比赛，观众议论双方运动员甲、乙、丙、丁的年龄：

① "乙比甲的年龄大"

② "甲比他的伙伴的年龄大"

③ "丙比他的两个对手的年龄都大"

④ "甲与乙的年龄差距比丙与甲的年龄差距更大些"

根据这些议论，甲、乙、丙、丁的年龄从大到小的顺序是下面哪一项？

A. 甲、丙、乙、丁。

B. 丙、乙、甲、丁。

C. 乙、甲、丁、丙。

D. 乙、丙、甲、丁。

【答案】D

【解析】本题考查的是关系推理。

首先，由①和②可知，乙不是甲的伙伴，因此甲的伙伴只能是丙或者丁。对于这种二选一的情况，很适合采用假设的方法。不妨假设丙是甲的伙伴，那么乙和丁就是他俩的对手。由③可知，丙比乙的年龄要大，再结合②甲比丙的年龄大，从而得到了甲比乙的年龄大，这与①相矛盾，因而假设错误，也就是甲的伙伴是丁，对手是乙和丙。

接着，在确定伙伴关系后，由①和②可以得到，甲、乙和丁的年龄大小关系为：乙>甲>丁；由③得到，丙>甲，丙>丁；再结合④便可以得到，乙>甲；综合得到，乙>丙>甲>丁。

注意，也可以用排除的方法，逐步排除掉其中3个选项。

2. 聪明的麦吉

一次聚会上，麦吉遇到了汤姆、卡尔和乔治三个人，他想知道他们三人分别是干什么的，但三人只提供了以下信息：三人中一位是律师、一位是推销员、一位是医生；乔治比医生年龄大，汤姆和推销员不同岁，推销员比卡尔年龄小。根据上述信息，聪明的麦吉可以推出结论是下列哪一项？

A. 汤姆是律师，卡尔是推销员，乔治是医生。

B. 汤姆是推销员，卡尔是医生，乔治是律师。

C. 汤姆是医生，卡尔是律师，乔治是推销员。

D. 汤姆是医生，卡尔是推销员，乔治是律师。

【答案】C

【解析】本题考查的是关系推理。

本题可以直接用排除法逐个选项进行判断。根据题中的信息，由"乔治比医生年龄大"便可以得到，乔治不是医生，从而可以排除选项A；同样的，由"汤姆和推销员不同岁"可以得到，汤姆不是推销员，从而排除选项B；最后，由"推销员比卡尔年龄小"可以得到，卡尔不是推销员，排除了选项D。因此，只能选择C。

3. 新疆恐龙头骨预言

在新疆恐龙发掘现场，专家预言：可能发现恐龙头骨。

以下哪个命题和专家意思相同？

A. 不可能不发现恐龙头骨。

B. 不一定发现恐龙头骨。

C. 恐龙头骨的发现可能性很小。

D. 不一定不发现恐龙头骨。

【答案】D

【解析】专家的意思"可能发现恐龙头骨"是一个可能模态命题，其负命题是"不一定不发现恐龙头骨"。而这两个命题之间是一种等价关系，所以得到答案D。

📱 5.3 烧脑的逻辑故事

1. 是鹿还是獐

王安石是北宋时期著名的政治家和文学家，他有一个儿子在当时也很有名气，叫做王元泽。话说王元泽从小就天资聪颖，深得王安石的疼爱。就在王元泽才几岁大的时候，有一天，王安石家里来了一位宾客。这位宾客把一头獐子和一头鹿关在同一个笼子里，放在王安石家的院子中，准备当做礼物献给王安石。

这时候，王元泽也来到了院子里，宾客之前就听别人说到王元泽的聪明，便想考一考他。于是，这位宾客问王元泽道："哪个是獐子？哪个是鹿？"獐和鹿这两种动物本来就很像，王元泽根本不知道它们的区别，过了一会儿，便回答道："獐子的旁边是鹿，鹿的旁边是獐子。"宾客觉得他的回答实在奇妙，确实是个聪明的孩子。

在这个故事中，王元泽巧妙地利用了一个关系命题，即獐子和鹿是一起的，也就得到了鹿的旁边必定就是獐，獐的旁边必定就是鹿。虽然王元泽不知道獐和鹿的区别，但还是可以这样回答宾客的问题，不得不让人佩服。

2. 兔子汤的汤

有天，一个猎人给阿凡提送来一只美味的野兔。阿凡提为了答谢猎人，便把猎人请进屋，自己把野兔杀了，炖了一锅汤，和自己的妻子办了一大桌好酒好菜招待了这位猎人。过了一个星期，这个猎人又来到了阿凡提家，对阿凡提说："阿凡提，你还记得我吗？我就是上个礼拜给你送了一只野兔的那位。"阿凡提一边叫妻子去弄酒菜，一边对猎人说道："记得记得，上次是您送的兔子，那炖的汤真是美味啊！"阿凡提和他的妻子又一次好好地招待了这个猎人。

一个星期后，阿凡提的家里突然来了好几个猎人，阿凡提觉得很面生。他们张口就对阿凡提说："阿凡提，你还记得我们吗？我们就是上次给你送野兔的那个猎人的邻居。"阿凡提只好安排猎人们坐下，用好酒好菜招待了他们一番。

又过了一个星期，到了快吃中饭的时候，又有一群人来敲阿凡提家的门，阿凡提打开问他们是谁，他们都异口同声地说道："我们就是上次给你送野兔的那个猎人的邻居的邻居。"阿凡提很礼貌地请他们进屋，招待他们坐下。阿凡提接着便从厨房里端来了一盘清水，放到桌子上，客气地对这些人说道："朋友们，请用餐吧！"这些人有点纳闷，其中一个便问道："阿凡提，这是什么啊？""这是兔子汤的汤。"阿凡提一本正经地回答。这些人一听这话，顿时觉得不好意思，便都纷纷回去了。

在这个故事中，这些猎人的邻居们只不过是打着猎人的名号，想来阿凡提家占点便宜。阿凡提怎么可能不知道他们的想法，在好酒好菜招待了一两次后，也就无法一忍再忍了。这些想占便宜的人是利用了自己和猎人的关系，这实质上就是两个关系命题：我们是猎人的邻居，我们是猎人的邻居的邻居。

ABC

第6章

归纳逻辑

当我们面对一个复杂的事物时，最好的处理办法就是将其分类处置。在逻辑学中也是如此。不过，在逻辑学中我们将这种归类处理的思路称之为归纳逻辑。其实生活中的分类处理就是对归纳逻辑的实践。归纳逻辑到底有何用处，接下来将一一揭晓。

6.1 从零开始学归纳逻辑

在我们的日常生活中，常常会遇到这样的情况，由于不停地从外面买东西放到冰箱中，而冰箱的容量有限，结果冰箱被挤得满满的。但是，只要你认真将冰箱里的东西归置好，你会发现冰箱里还可以放下不少东西。其实，在逻辑推理中也是如此，当遇到多个前提条件出现时，大家将它归纳起来，就能够推出一个明确结论。首先从概念入手，让我们一起了解归纳逻辑吧！

1. 归纳推理

归纳推理，就是由个体特性推导出群体共性的推理过程。也就是说，在归纳推理中，其推导出来的结果的范围往往要大于所给前提的范围。那么，由此可以得到归纳推理的前提与结论之间的关系具有不必然性。换句话说，这是一种或然性关系。所以，进行归纳推理的时候，大家可能会遇到由真前提推出假结论的情况。由此也能知道，归纳推理是一种或然性推理。

与归纳推理相对应的就是演绎推理，因为演绎推理是一种由群体普遍性推导个体特性的推理方式。由此，可以得出归纳推理与演绎推理的区别主要存在两个方面。

- 两者在思维运动的不同。这个不同之处在两者的概念中得到了很好的体现。即归纳推理是由个性到共性的推理，而演绎推理是由共性到个性的推理。
- 两者的前提与所推导出来的结论的关系不同。归纳推理中的前提与结论间是一种或然性关系，而演绎推理的前提与结论间是一种必然关系。

虽然归纳推理与演绎推理存在着区别，但是大家不能完全将这两种推理形式割裂开来。因为大家在认识事物以及逻辑推理的过程中，如果能够将这两种推理方式结合起来使用，往往能够透彻、全面地认识事物，逻辑推理更加严谨。其实从归纳推理和演绎推理的概念中，我们就能看到，这两者就是一种"你中有我，我中有你"的关系。

2. 完全归纳推理

所谓完全归纳推理就是从一类事物全部个体的特性中，归纳得出这一类事物的一般性特征。

地球、金星、木星、水星、火星、土星、天王星、海王星是太阳系的八大行星，天文学家曾对这些大行星的运行轨道做了研究。其中，地球沿着椭圆轨道绕太阳运行；金星沿着椭圆轨道绕太阳运行；木星沿着椭圆轨道绕太阳运行；火星沿着椭圆轨道绕太阳运行；水星沿着椭圆轨道绕太阳运行；土星沿着椭圆轨道绕太阳运行；天王星沿着椭圆轨道绕太阳运行；海王星沿着椭圆轨道绕太阳运行。专家从研究中发现，八大行星绕太阳运行的轨迹可以认为是椭圆。

天文学家在得出这一结论的过程中就运用了完全归纳推理。

由于完全归纳推理的前提是涵盖某类事物的全部个体，所以由这种推理形式得出的结果与前提之间有着必然的联系。从这个方面来看，完全归纳推理中又蕴含了演绎推理的性质。

当大家在运用完全归纳推理时，有两个方面需要特别注意：一是注意前提别遗漏；二是前提必须真。如果一个完全归纳推理的前提没有达到这两个要求，那么推理得出的结论不具有真实性。

尽管完全归纳推理的实用性非常强，但它同时也存在局限性。因为在完全归纳推理中，要求在前提条件中列举该群体的所有个体情况。而很多群体的个体具有无穷性，没法完全列举。这就使得这种推理方式在很多情况下不能被使用。

3. 不完全归纳推理

因为完全归纳推理具有一定的局限性，为了弥补这种局限性，于是就有了不完全归纳推理。由此，我们也能得出不完全归纳推理的定义，即不完全归纳推理是根据某一群体中的部分个体特性，归纳得出这一群体的普遍性特征。

在不完全归纳推理中，通常有两种推理情况。第一种情况是观察某一群体中的部分个体所呈现的特征，并且这些特征没有出现例外的情况，从而归纳得出这一群体所具有的普遍特征。第二种情况有点特殊，但同时这种不完全归纳推理法更具实用性。因为通常情况下使用这种方法是根据某一事物本身的性质以及研究的需要，从而选择该类事物中较为典型的个体进行分析，最终得出该事物的一般性特征。

一个饱受头痛病困扰的渔夫出海打鱼，在打鱼的过程中不小心弄破了脚趾头，还出了血，但是他感到头不疼了。渔夫对此并没有在意。后来又有一次，渔夫在头疼难耐的时候，无意中又碰破原处，头疼病居然又奇迹般好了。从这以后，渔夫一旦头疼，他就刺破脚趾头原处，并且每次都有效果。于是，渔夫得出了结论，刺破脚趾头该处能治头疼病。

渔夫得出这个结论的过程就是不完全归纳推理的运用。因为渔夫只是根据几次经验得出了这个结论。而并没有将所有的情况都列举出来，当然也不可能将所有的情况列举出来。同时，在渔夫的经验中也没有出现过例外的情况。

💬 6.2 好玩的逻辑题

1. 橙汁的功效

在防治癌症方面，橙汁有多种潜在的积极作用，尤其是它富含橙皮素和柚苷素等类黄酮抗氧化剂。研究证据表明，橙汁可以减少儿童患白血病的风险，并有助于预防乳腺癌、肝癌和结肠癌。根据研究结果，橙汁的生物效应在很大程度上受到其成分的影响，而其成分的变化又依赖于气候、土壤、水果成熟度以及采摘后的存储方法等条件。

由上面的陈述可以得到下面哪项结论?

A. 并非所有的橙汁都有相同的防癌功效。

B. 过度饮用橙汁会给身体健康造成不良影响。

C. 相对于健康儿童而言，白血病患儿的橙汁饮用量较小。

D. 生长于良好的气候土壤条件下、成熟并避光保存的橙子最有功效。

【答案】A

【解析】本题考查的是简单枚举法。

首先，解析题目信息。题中要求选择可以推出的结论，因此一定是和题干信息紧密相关的选项。在题干中，最初陈述了橙汁含有一些可以防癌的物质成分，接着列举了橙汁的防癌功效。最后，我们利用简单枚举法进行推理得到，在各方面条件不同时，橙汁的成分也是不同的，并且它的生物效应和防癌功效也是不同的。

然后，分析4个选项。A项强调了并不是所有橙汁功效都相同，和题干中各个信息都紧密相关，并且和前面的结论是一致的。B项说过度饮用会不会出现不良影响，题干中并没有提到，故排除；C项题干中并没有将健康儿童与白血病患儿饮用橙汁量进行比较，故排除；D项虽然提到了橙汁的功效与环境有关，但题干中并没有提到储存时要避光，且这种是否为"最有效"的方式有待考证，故排除。综合考虑，A是能由题干信息推理出的结论。

2. 民间艺术

许多上了年纪的老北京人都对小时候在庙会上看到的各种绝活念念不忘。如今，这些绝活有了更为正式的称呼——民间艺术。然而，随着社会现代化进程加快，中国民俗文化面临前所未有的生存危机。城市环境不断变化，人们的兴趣爱好快速分流和转移，加上民间艺术人才逐渐流失，这一切都使民间艺术发展面临困境。从这段文字可以推出以下哪一项？

A. 市场化是民间艺术的出路。

B. 民俗文化需要抢救性保护。

C. 城市建设应突出文化特色。

D. 应提高民间艺术人才的社会地位。

【答案】B

【解析】本题考查的是简单枚举法。

首先，解剖题中信息。题中说到了民俗文化遇到的困境：城市环境不断变化，人们的兴趣爱好转移，民间艺术人才流失等。这些都可以构成民俗文化需要抢救性保护的前提，因此，它们可以形成简单枚举法的推理过程。故正确答案应该是B选项。

接着看其他选项。对于选项A，题中并未提及市场化，可以直接排除。对于选项C，题中也未提及城市建设，可排除；对于选项D，这只能是一种保护民俗文化的措施，可以囊括在选项B之中，并不全面，因此是不恰当的。

3. 动物死亡时间

一些哺乳动物的牙齿上有明显的"年轮"痕迹——来自在夏天时形成的

不透明的牙骨质沉淀和在冬天形成的半透明的牙骨质沉淀的积累。在一个石器时代遗址中发现的猪牙齿的横断面表明，除最外一层以外，其他的各层"年轮"都有令人惊讶的相似的宽度。最外这一层大概只有其他各层一半左右的宽度，而且是半透明的。

上文的论述最强地支持了以下哪一项关于这些动物死亡的结论?

A. 死在一个反常的初冬。

B. 大约死于相同的年龄。

C. 大约死在一个冬季的中期。

D. 死于一次自然灾害中。

【答案】C

【解析】这道题涉及的内容是科学知识，因此对这类信息进行归纳推理的方法又叫科学归纳法。由题干中的第一句话可以得出，哺乳动物牙齿上的"年轮"痕迹在不同季节有不同的特征。又由题干中的最后一句话可以知道这头猪肯定死于冬季，因为"年轮"痕迹的最外一层是半透明的。但是最外一层的宽度只有其他各层的一半左右，说明这头猪没有过完整个冬天，所以答案为C项。

A项中同样提到了死在冬季的结论，但是说的是死在初冬。由于题干中说"年轮"痕迹的宽度是其他"年轮"痕迹的一半，说明这头猪不可能死在初冬，所以排除。除此之外，B、D项均不能由题干推出。

4. 你的上级很可怜

对一批企业的调查显示，这些企业总经理的平均年龄是57岁，而在 20 年前，这些企业的总经理的平均年龄大约是49岁。这说明，目前企业中总经理的年龄呈老年化趋势。

以下哪项对题干的论证提出的质疑最为有力?

A. 题干中没有说明，20年前这些企业关于总经理人选是否有年龄限制。

B. 题干中没有说明，这些总经理任职的平均年数。

C. 题干中的信息，仅仅基于有20年以上历史的企业。

D. 20年前这些企业的总经理的平均年龄，仅是个近似数字。

【答案】C

【解析】由这道题的提问方式，可以得知这道题与前面直接考查归纳推理的题有所不同。这道题的题干中已经给出了推理结论，而要求大家去做的是找出一个条件来反驳这个推理结论。也就是说，需要找出一个条件证明前提与结论之间没有必然联系。而C项条件刚好符合这种要求。因为加上C项条件后，前提变成了有20年以上历史的企业，结论却是在说目前企业的情况，前后没有必然性。

5. 京剧的数据调查

京剧作为我国的国粹，在传播过程却面临着尴尬的局面。很多年轻人直呼听不懂京剧，不喜欢也不愿意看京剧。而京剧作为我国传统文化中的一种表现形式，有着极高的艺术造诣和文化内涵。可以说，京剧应当得到弘扬和传播。而造成这种尴尬局面出现的原因在于大学生缺乏对传统文化的正确认识。

不仅如此，目前的大学生普遍缺乏对中国传统文化的学习和积累。根据有关部门及部分高等院校做的一次调查表明，大学生中喜欢和比较喜欢京剧艺术的只占被调查人数的14%。

下列陈述中的哪一个最能削弱上述观点？

A. 大学生缺少对京剧艺术欣赏方面的指导，不懂得怎样去欣赏。

B. 喜欢京剧艺术与学习中国传统文化不是一回事，不要以偏概全。

C. 14%的比例正说明培养大学生对传统文化的学习大有潜力可挖。

D. 有一些大学生既喜欢京剧，又对中国传统文化的其他方面有兴趣。

【答案】B

【解析】题干的结论讲的是大学中喜欢京剧艺术的人数占被调查人数的比例，而前提中提到的是大学生缺乏对中国传统文化的学习和积累。要让这两者之间没有必然关系，那么只需否定传统文化与京剧艺术之间的关系即可。而B项正好符合要求，因此选B。

6. 滚轴溜冰与学业成绩的关系

最近举行的一项调查表明，某校的学生对滚轴溜冰的着迷程度远远超过其他任何游戏，同时调查发现经常玩滚轴溜冰的学生的平均学习成绩相对其他学生更好一些。看来，玩滚轴溜冰可以提高学生的学习成绩。

以下哪项如果为真，最能削弱上面的推论？

A. 师大附中与学生家长订了协议，如果孩子的学习成绩名次没有排在前二十名，双方共同禁止学生玩滚轴溜冰。

B. 玩滚轴溜冰能够锻炼身体，保证学习效率的提高。

C. 玩滚轴溜冰的同学受到了学校有效的指导，其中一部分同学才不至于因此荒废学业。

D. 玩滚轴溜冰有助于智力开发，从而提高学习成绩。

【答案】A

【解析】要使题干中的推论被削弱，只需找出一个条件来证明前提与结论之间没有必然关系即可。如果在题干中加入A项的内容作为前提条件，那么说明经常玩滚轴溜冰的学生本来就是好学生，所以结论不具有说服力。也就是说，添加A项的内容能够达到削弱题干推理的作用，所以选A。

7. 性别与审美的偏好分析

女人爱苗条，男人爱潇洒。可臃肿的身材，特别是大腹便便的样子，让很多人陷入苦恼。在这种情况下，人们努力寻找肥胖的原因，探索减肥的良方。日前，某社会机构公布了一项长期社会调查的结果，调查显示：在婚后的13年里，女性平均增长了13公斤，男性平均增长了20公斤。这一机构得出结论：婚姻能使人变胖。

以下哪项如果为真，最可能对上述结论提出质疑？

A. 如果调查时间取3年或者31年，被调查者的体重会远远小于以上增长幅度。

B. 在婚后的13年里，被调查的男人中，有一些体重增长不到20公斤。

C. 与被调查者年纪相仿的独身者，女性在13年里平均增长了16公斤，男性平均增长了25公斤。

D. 在婚后的13年里，被调查的男性中有一些体重明显下降了。

【答案】C

【解析】这依然是一道"找茬"题，找出一个"茬"来否定题干的前提与结论的必然关系。题干中的结论是"婚姻能使人变胖"。因为题干的前提是对已婚者的调查，那么，要使这个结论不成立，添加一个对未婚者的调查也得到同样结果的前提条件即可。选项C中的内容十分吻合，因此得到这个"茬"就是C项。

6.3　烧脑的逻辑故事

1. 仆人买芒果

很久以前，有一位富翁想吃芒果，于是便吩咐他的仆人去果园买芒果。富翁很挑剔，在仆人出发的时候再三嘱咐他："一定要买甜的，好吃的，别的不要买。"这位仆人记住了富翁的叮嘱，便赶紧出发了。

这位仆人来到了一个大果园中，告诉园主说："我要买你这里甜的芒果，其他的不要。"园主满心欢喜地说："我这芒果树上的芒果都已经熟透了，个个都是香甜可口的，你随便尝一个试试。"仆人始终记着富翁的叮嘱，心想："我要买的芒果都要是甜的，尝一个怎能知道所有的都是甜的呢？我要个个都尝一口，哪个是甜的，就买哪个，不甜的，就不买。这样才是最可靠的。"于是仆人从树上摘了几个芒果，一个个都尝一口，过了大半天后，仆人才提着一袋都被尝过的甜芒果回去了。

回来后，富翁打开袋子一看，发现都是被咬过的芒果，觉得非常愤怒，便全部扔了，并且狠狠惩罚了这个仆人。

在这个故事中，仆人觉得自己在严格地执行着富翁交代的事情，殊不知好好的芒果被咬过一口，别人还敢吃吗？显然，仆人使用的是完全归纳推理的方法，只有尝遍所有芒果，才能知道哪个是甜的，哪个不甜。那么，仆人有没有更好的方法来达到挑甜芒果的目的呢？我们现在已经知道，通过不完全归纳法，也可以得到相应的结论。因此仆人就应该听园主的话，在一棵树上摘几个芒果尝一下，如果都是甜的，便能推测这棵树上的其他芒果也是甜的，这样就能买到满意的芒果了。

2. 暴力游戏的影响分析

网络视频直播具有很强的娱乐性，很多人的日常娱乐方式之一就是看直播。但与此同时，网络视频直播中也出现了一些令人担忧的低俗、暴力等内容，违反了社会公德，不利于人们的身心健康。

有研究者专门对此进行了实验。具体实验过程是：让两组儿童在一起玩耍，一组曾看过具有暴力镜头的视频内容，另一组则没看过。在玩耍中，看过具有暴力镜头的视频内容的孩子比那些没看过的孩子表现出大量的暴力行为。

因此，研究者说："若想阻止那些孩子在玩耍中表现出暴力行为，就不能允许他们观看具有暴力镜头的视频内容。"有的视频创作者对此提出了质疑，他们说："导致两组孩子出现行为差异就没有其他的原因吗？"

研究者没有考虑到其他因素对孩子行为的影响，他设置的实验逻辑不够严谨，因此反驳者有了可乘之机。所以，要想运用好归纳推理，要有严谨的逻辑思维作为支撑，这样才不会给别人留下反驳质疑的机会。如果研究者在实验中加入了对比条件，使得这个对比实验要素齐全，那么结论也就具有了真实性，不会招致他人质疑。

3. 献血对身体的真实影响

某机构在全球范围内进行了一项有关献血对健康的影响的跟踪调查。调查对象分为三组。第一组对象中均有两次以上的献血记录，其中最多的达数十次；第二组中的对象均只有一次献血记录；第三组对象均从未献过血。调查结果显示，被调查对象中的癌症和心脏病的发病率，第一组分别为 0.3% 和 0.5%，第二组分别为 0.7% 和 0.9%，第三组中分别为 1.2% 和 2.7%。一些专家因此得出结论，献血有利于减少患癌症和心脏病的风险。因此，献血利己利人，一举两得。

从这个故事看来，献血不会损害身体健康。但是值得大家注意的是，专家由调查结果得出的结论不具有严谨性，不符合逻辑要求。因为调查结果并没有详细说明调查对象的情况。如果这三组调查对象的人数并不一致，或者这三组调查对象的年龄存在很大的差别，那么调查结果就不具有说服力。所以专家得出的结论也会遭到质疑。

4. 雷达系统

都说姜还是老的辣，其实雷达系统还是旧的好。不要以为这是空穴来风，这是经过测试验明的结果。某国有一项风暴检测雷达系统的测试表明，1957年的系统比新的计算机系统可靠10倍，并且检测风暴的雷达系统所使用的技术的复杂精密程度可以由该系统的可靠性来决定。因此，用于新雷达系统的技术一定没有用于1957年的雷达系统中的技术复杂精密。

在这个故事中的推理涉及了共变法。即当一个条件发生改变的时候，结论也会随之改变。由于"检测风暴的雷达系统所使用的技术的复杂精密程度可以由该系统的可靠性来决定"，又因为"1957年的系统比新的计算机系统可靠10倍"，那么由这两个条件能够共同推出"用于新雷达系统的技术一定没有用于1957年的雷达系统中的技术复杂精密"。这种推理符合逻辑要求，是正确的推理过程。

第7章

逻辑基本规律

　　逻辑学作为一门独立的学科，必定会有其独特的基本规律。逻辑学的基本规律是前人对逻辑学孜孜不倦地研究的成果。对于今天的学习者来说，掌握前人研究的规律是我们学习逻辑学的一条捷径。

📑 7.1 从零开始学逻辑基本规律

任何事物都有其规律可寻，逻辑也不例外。逻辑的基本规律是逻辑学的重要组成部分。学习逻辑基本规律可以帮助大家以更快的速度理清逻辑思路，进行理性交流。逻辑的基本规律：同一律、矛盾律和排中律。

1. 同一律

何为同一律？同一律即在同一个思维过程中，任何一个思维环节和思维对象都具有确定性，且前后思维一致。

苹果就是苹果。

这个例子说明苹果这个概念是确定的，苹果不会是梨。

要想运用好同一律，还得明白同一律的逻辑要求。这个要求总结起来可以用四个字概括，即"确定、同一"。也就是在概念中提到的环节和对象是确定的，前后思维要同一。要想达到这个要求，同一律中的同一概念必须要保持内涵和外延一致。

通过前面章节内容的学习，大家知道了逻辑推理和论证其实就是一个根据某种逻辑规律，运用逻辑概念和逻辑判断，推导出或者证明一个结论的过程。所以，在逻辑推理和论证的过程中，同一律是必须遵守的要求之一。这也是为什么同一概念必须保持内涵、外延一致的原因。如果同一概念的内涵和外延不保持一致，那么就是犯了违反同一律的逻辑错误。由此也能得知违反同一律主要是由转移或偷换论题造成的。

老舍的著作不是一天能读完的。《骆驼祥子》是老舍的著作，因此《骆驼祥子》不是一天能读完的。

这个例子明显犯了违反同一律的逻辑错误。因为例子中两次提到"著作"一词，而在它出现的两次中有不同的含义。前一次是指老舍所有作品的总称，后一次则是指《骆驼祥子》这一本书。所以这个概念前后不一致，不符合同一律的要求。

2. 矛盾律

所谓矛盾律，顾名思义，就是说在同一思维过程中，思维对象是两个互相矛盾或互为相反的内容或者事物，这两个内容或者事物的真实性必定是相反的，即一真一假。

在里约奥运会的羽毛球比赛中，不是林丹夺冠，就是李宗伟胜利。

也就是说这两人中只有一人最终胜利，或者林丹胜出，或者李宗伟拿金牌。两个人不可能同时拿到金牌。

矛盾律同样有其使用要求。这个要求是，在同一思维过程中，前后思维要具有贯通性，不能前后矛盾。也就是说不能在前面对一事物做出肯定判断，在后面又将其否定；也不能在前面对一事物做出否定判断，在后面又将其肯定。如果出现了类似这种的情况，那么就称其犯了违反矛盾律的逻辑错误。我国著名的成语故事"自相矛盾"，就是违反了矛盾律而造成的笑话。

3. 排中律

什么是排中律？在同一逻辑思维过程中，往往会出现两个互相矛盾的思想或事物，但这两者不会出现同时为假的情况，这就是排中律所起的作用。

小张明年或者退役，或者继续参赛。

也就是说"退役"与"参赛"是一对矛盾的事物。并且"退役"与"参赛"必有一个发生，即不能同时都不发生。

作为逻辑基本规律之一的排中律，当然也有其使用要求。它的要求为：肯定或否定必须要出现，但一定不能同时出现，且前后须保持一致。

由以上内容可以得知，学习并运用排中律可以保证思维的明确性。如果思维不具有明确性，那么推理论证的结果必定不能保证其正确性。并且排中律是逻辑论证中的反证法的逻辑根据。

值得一提的是，排中律属于逻辑基本规律，因此与客观事物具有区别性，不能简单地将两者混淆来看。也就是说，在逻辑学中满足排中律的事物，在客观情况下不一定会满足。但这并不影响排中律在逻辑学中的重要性。

7.2 好玩的逻辑题

1. 支持整形

某整形美容中心对接受整形手术者的统计调查表明，对自己的孩子选择做割双眼皮、垫鼻梁等整形手术，绝对支持的家长高达85%；经过子女做思想工作后同意孩子整形的占10%。所以，家长对子女整形的总支持率达到了95%，比两年前50%的支持率高出了近一倍。

根据以上的陈述，下面哪一项陈述最适合作为从上面的论述中推出的结论？

A. 95%做整形手术的孩子得到了家长的同意。

B. 坚决不同意自己的孩子做整形手术的家长不超过5%。

C. 10%做整形手术的孩子给家长做了思想工作。

D. 95%的家长支持自己的孩子做整形手术。

【答案】A

【解析】本题考查了同一律。

首先，分析题干信息。调查对象是接受整形手术者，其中有：85%是家长绝对支持，10%是经过思想工作后支持，总体来说，有95%的家长支持。

接着，看各个选项。对于选项A，接受整形手术的孩子是题干中的调查对象，然后95%得到了家长的支持也与题干是相符合的，因此选项A是正确的。对于选项B，题干中调查的只是接受整形手术者，而不是家长，因此，这是违反了同一律；对于选项C，题干中说的是做完思想工作后家长同意的占接受整形手术者的10%，并未包括那些做了思想工作但家长不同意的接受整形手术者，因此，这里混淆了概念；对于选项D，和选项B一样，缺少一个前提，就是"在接受整形手术者中"，和题干不一致，也是违反了同一律。

2. 泳池规则的严格执行

某对外营业的游泳池更衣室的入口处贴着一张启事，称"凡穿拖鞋进入泳池者，罚款五至十元。"某顾客问："根据有关法规，罚款规定的制定和实施，必须由专门机构进行，你们怎么可以随便罚款呢？"工作人员回答："罚款本身不是目的，目的是通过罚款，来教育那些缺乏公德意识的人，保证泳池的卫生。"

上述对话中工作人员所犯的逻辑错误，与以下哪项中出现的最为类似？

A. 管理员："每个进入泳池的同志必须带上泳帽，没有泳帽的到售票处购买。"某顾客："泳池中那两个人怎么没戴泳帽？"管理员："那是本池的工作人员"。

B. 市民："专家同志，你们制定的市民文明公约共15条60款，内容太多，不易记忆，可否精简，以便直接起到警示的作用？"专家："这次市民文明公约，是在市政府的直接领导下，组织专家组，在广泛听取市民意见的基础上制定的，是领导、专家、群众三结合的产物。"

C. 甲："什么是战争？"乙："战争是两次和平之间的间歇。"甲："什么是和平？"乙："和平是两次战争之间的间歇。"

D. 甲："为了使我国早日步入发达国家之列，应该加速发展私人汽车工业。"乙："为什么？"甲："因为发达国家私人都有汽车。"

【答案】B

【解析】在题干中，由某顾客的话可以知道，游泳池的罚款规定没有根据，不符合要求。因此游泳池张贴的这个启事具有矛盾性。工作人员在面对顾客的质疑时，并没有正面回答顾客，而是采取了转移话题的策略。在选项B中，专家面对市民的建议也同样采取了转移话题的手段。所以这两者都犯了转移话题的逻辑错误，答案为B项。

7.3 烧脑的逻辑故事

1. 一个人有三个头

甲对乙说："我能证明'一个人有三个头'。"乙说："愿闻高见。"甲说："每个人有一个头，没有人有两个头，一个人比没有人多一个头，所以，一个人有三个头。"乙虽然知道甲的论证是错误的，但不能指出错在何处。

在甲的论证中，从字面上看"没有人"这三个字前后出现两次，但表达的是不同的概念，是违反同一律的。在"没有人有两个头"中，"没有"表达的是一个否定词，它否定的是"有人有两个头"这一判断，意思是说"任何人都没有两个头"。这句话中"没有人"并不是这个全称否定判断的主项，它只是个否定词+主项的组合。

而"一个人比没有人多一个头"是一个关系命题，其中"没有"这个否定词否定的是"人"这个概念，因而"没有人"在这里表达的是一个独立的否定概念——"无人"，即"一个人也没有"。

如果前面的"没有人"和后面的"没有人"意思一样，则"没有人有两个头"就是一个虚假的判断。所以，甲的论证是利用字面或语词的相同，暗中偷换了概念，这违反了逻辑学中的同一律，从而得出了荒谬的结论。

2. 国王与线绳

一位愚蠢的国王经常在外国使者和哲人面前胡言乱语，令大臣们时常感到难堪。国王为了摆脱这种窘况，把阿凡提请到王宫，让他给自己当顾问。"让我当顾问可以，但有一个条件。"阿凡提答复国王说，"我要从您坐的垫褥底下秘密地穿一根线绳，一头系在您脚上，一头攥在我手里。使者来访时，如果您说的话没错，我就不动，假如您说错了话我就拉一下线绳，请您立刻停止说话。"

国王同意了阿凡提的条件。这天，从邻国又来了三位使者，国王迫不及待地向他们提问："贵国的猫、狗之类都很肥壮吧？"阿凡提一听，赶紧把线绳拉了一下，国王立即不言语了。阿凡提随后对使者们解释说："我们国王的问话寓意深刻，他说的猫、狗肥壮是指贵国人民安居乐业、牛羊肥壮。"使者们一听，都十分信服国王的智慧，不料国王却对阿凡提喊道："阿凡提，你真是一个愚蠢的顾问，既然我说出了这么寓意深刻的话，你为什么还要拉线绳呢？"

在这个故事中，这个国王并没有理解阿凡提所说的话，阿凡提为国王圆话所说的"寓意深刻"和国王后面说的"寓意深刻"完全是两个不同的概念。前者并不是真的说国王的话是寓意深刻的，只是礼貌性地帮国王圆场而已；国王理解的是自己刚刚说的话是真的寓意深刻，然后还责备阿凡提不遵守条件。这个国王显然非常死板，没有理解逻辑规律中的同一律，从而造成了更大的笑话。

3. 好事之主的探寻之旅

双林中学开展了学习雷锋的活动，全校师生积极参与。自从学习雷锋活动开展后，双林中学的学生们掀起了一股做好事不留名的热潮。某班有一位同学做了好事没留下姓名，他是甲、乙、丙、丁四人中的一个。当老师问他们时，他们分别这样说：

甲：这件好事不是我做的。

乙：这件好事是丁做的。

丙：这件好事是乙做的。

丁：这件好事不是我做的。

经过老师的调查，发现这四人中只有一个人说了真话。那么到底是谁做了好事呢？

做好事不留名的精神固然要嘉奖，但是这让较真的老师伤透了脑筋。大家一起来帮帮这位老师吧！由于题干中已经说明，四个人中只有一个人说了真话。又乙和丁说的话互相矛盾，所以说真话的要么是乙，要么是丁。也就是说，甲和丙说的是假话，如果甲说的是假话，那么能够推出做好事的就是甲。

4. 到底谁是对的

小方、小林和小刚是他们班的学霸三人组。这三个人不仅一起学习，而且在学习之余，这三个人也是非常要好的朋友。一天，小方、小林做完数学题后发现答案不一样。小方说："如果我的不对，那你的就对了。"小林说："我认为你的不对，我的也不对。"旁边的小刚看了看他们两人的答案后说："小林的答案错了。"这时数学老师刚好走过来，听到了他们的谈话，并查看了他们的运算结果后说："刚才你们三个人所说的话中只有一句是真的。"那么，问题来了，到底谁才做对了题呢？

由于小方和小林的话存在矛盾，所以他俩中只有一人说的话是真的。老师说三句话中只有一句是真的，那么可知小刚的话是假的，所以小林的答案是对的。由此也可以得知，小林的话是假的，小方的话是真的。

5. 优秀之名的争夺战

高三的生活是一摞摞参考资料和考试试卷；是攻破一道道难题时的喜悦；是一起为了明确的目标和梦想拼搏的激情。以至于有人说："不拼不搏，高三白过；不苦不累，高三无味。"这不，高三又进行了一次模拟考试。考试结束后，几位老师在一起议论。

张老师说："班长和学习委员都能得优秀。"

李老师说："除非生活委员得优秀，否则体育委员不能得优秀。"

陈老师说："我看班长和学习委员两人中至少有一人不能得优秀。"

郭老师说："我看生活委员不能得优秀，但体育委员可得优秀。"

每个老师各持己见，到底哪位老师说的话才是正确的呢？

从四位老师所说的话来看，张老师的话与陈老师的话存在矛盾性，所以这两人中有一人说的是真话，一人说的是假话。又李老师与郭老师所说的话也存在矛盾性，所以他们两人中一人说的是真话，一人说的是假话。也就是说，四位老师中有且只有两位的判断为真。

第8章

逻辑游戏

　　以上章节主要是在介绍逻辑学的一些基本理论与概念。所谓学以致用，从本章开始，将要带领大家进行实战演练了。这一章将主要讲解逻辑学的习题。所以，大家学习本章内容需要耐住性子，认真地学。

8.1　一起来做逻辑游戏

以上章节主要是在介绍逻辑学的一些基本理论与概念。所谓学以致用，从本章开始，将带领大家做一些有趣的逻辑游戏，体会逻辑学的魅力所在。

8.2　好玩的逻辑题

1. 三色球数量判断

一年一度的中秋佳节即将来临，某超市为了回馈新老顾客，推出了一系列优惠活动。其中有一项活动是购物满85元便可以参与抽奖活动一次，并且是百分之百中奖。在一个盒子里有100只分别涂有红、黄、绿三种颜色的球。红色表示一等奖，黄色表示二等奖，绿色表示三等奖。

张三说："盒子里至少有一种颜色的球少于33只。"

李四说："盒子里至少有一种颜色的球不少于34只。"

王五说："盒子里任意两种颜色的球的总数不会超过99只。"

以下哪项论断是正确的？

A. 张三和李四的说法正确，王五的说法不正确。

B. 李四和王五的说法正确，张三的说法不正确。

C. 王五和张三的说法正确，李四的说法不正确。

D. 张三、李四和王五的说法都不正确。

【答案】B

【解析】很显然，100可以分成33、33、34。这种情况下，没有一种颜色的球少于33只。所以张三的说法不正确。因为3个34是102，所以李四的话正确。由题意可知，每个颜色的球都有，所以任意两种球的总数不会大于三种球的总数之和。那么王五说法正确，因此答案为B项。只要进行简单的数学运算，这逻辑运算题就迎刃而解了。所以，学习的过程中应该要融会贯通。

2. 内存价格的理性分析

根据H国当地媒体10月9日的报道：用于市场主流的PC100规格的64MB DRAM的 8M×8内存元件，10月8日在M国现货市场的交易价格已跌至15.99～17.30元之间，但前一个交易日的交易价格为16.99～18.38元之间，一天内跌幅近1元；而与N地区地震发生后曾经达到的最高价格21.46元相比，已经下跌约4元。

以下哪项与题干内容有矛盾？

A. N地区是生产这类元件的重要地区。

B. M国是该元件的重要交易市场。

C. 若两人购买的数量相同，10月8日的购买者一定比10月7日的购买者省钱。

D. H国很可能是该元件的重要输出国或输入国，所以特关心该元件的国际市场价格。

【答案】C

【解析】虽然题意显示该元件在10月8日已经降价。但是10月8日的价格是一个范围，15.99～17.30元。10月7日的价格同样也是一个范围，16.99～18.38元。那么有可能一个购买者在10月7日购买该元件时单价为16.99元，另一个购买者在10月8日购买该元件单价时是17.30元。这样的话，C项就不成立了，所以选C。

3. 王先生生日的推理之谜

今天是远近闻名的王先生的五十大寿。王先生是当地一位有名的企业家，近年来，生意越做越大，加之王先生乐善好施，于是王先生的名气也就越来越大了。所以王先生生日有这么多人前来祝贺也就不足为奇了。

尽管生日宴在外人看来无比热闹，但王先生心里还是有点空落落的。因为在王先生看来，该来的没有来。举办的生日晚宴有客人缺席，王先生说："小李、老赵、小潘和老马四个人中最多来了两人。"王太太说："亲爱的，我认为你说得不对，我认为你说的与实际情况不一样。"

如果王太太说得不对，以下哪项不是真的？

A. 小李、老赵、小潘和老马四个人中最少来了两个。

B. 小李、老赵、小潘和老马四个人都没来。

C. 小李、老赵、小潘和老马四个人都来了。

D. 除了小李、老赵、小潘和老马四个人以外，其他人都来了。

【答案】C

【解析】那么王先生一直念叨的这四位好友到底来了没？这四位让王先生一直念叨的客人与王先生到底是什么关系呢？大家想不想知道答案？首先来解答第一个问题。

假设王先生说的话是真的，那么结合王太太的话可知，这四个被王先生一直惦记的客人来了不止两人。由此可以排除A、B两个选项。D项中涉及了其他人。而题干中并未提到其他人，所以这是无关项，排除。那么答案为C项。至于这四个客人与王先生到底什么关系，交给大家去讨论推断了。

4. 候选人身份的探寻

某本科专业按如下原则选拔特别奖学金的候选人：

将本专业的同学按德育情况排列名次，均分为上、中、下三个等级（三个等级的人数相等，下同），候选人在德育方面的表现必须为上等；

将本专业的同学按学习成绩排列名次，均分为优、良、中、差四个等级，候选人的学习成绩必须为优；

将本专业的同学按身体状况排列名次，均分为好与差两个等级，候选人的身体状况必须为好。

假设该专业共有36名本科学生，则除了以下哪项外，其余都可能是这次选拔的结果？

A. 恰好有4个学生被选为候选人。

B. 只有2个学生被选为候选人。

C. 没有学生被选为候选人。

D. 候选人数多于本专业学生的1/4。

【答案】D

【解析】要对付这道题，就需要请出逻辑运算这个法宝了。从候选人的要求之一的成绩项来看，成绩被划分为了四个等级，那么候选人的数量最多为本专业的1/4，而不可能多于这个数。所以D项不可能是这次选拔的结果。

5. 学校人数的比较

小东和小西是一对好朋友，他俩分别来自东江大学和西海大学。这两所大学不分上下，互相是竞争的劲敌。小东说自己所在的东江大学好，因为人数多，规模大。小西则抢着说自己所在的西海大学人数多，环境好，学习氛围浓，比东江大学好。

正在他俩争得不可开交之际，小东的爸爸出来了。小东爸爸说："如果比较全日制学生的数量，东江大学的学生数是西海大学的70%。如果比较学生总数量（全日制学生加上成人教育学生），则东江大学的学生数是西海大学的

120%。"这下小东和小西都安静了。

上文最能推出以下哪项结论?

A.东江大学比西海大学更注重质量。

B.东江大学成人教育学生数量所占总学生数的比例比西海大学的高。

C.西海大学的成人教育学生比全日制学生多。

D.东江大学的成人教育学生比全日制学生少。

【答案】B

【解析】要解答这个问题,需要掌握数学思维,得出答案为B项。

6.哪国选手成绩好

每一位努力拼搏的运动员都渴望成为最好的那一员,都在拼命证明自己。世界田径锦标赛3000米决赛中,始终跑在最前面的甲、乙、丙三人中,一个是美国选手,一个是德国选手,一个是肯尼亚选手。比赛结束后得知:

① 甲的成绩比德国选手的成绩好。

② 肯尼亚选手的成级比乙的成绩差。

③ 丙称赞肯尼亚选手发挥出色。

以下哪一项肯定为真?

A.甲、乙、丙依次为肯尼亚选手、德国选手和美国选手。

B.肯尼亚选手是冠军,美国选手是亚军,德国选手是第三名。

C.甲、乙、丙依次为肯尼亚选手、美国选手和德国选手。

D.美国选手是冠军,德国选手是亚军,肯尼亚选手是第三名。

【答案】C

【解析】通过对比赛结果②的分析可知,肯尼亚选手不是乙,同时他也不是冠军。所以可排除B选项。继续看结果③,可知肯尼亚选手不是丙,同时也不是第三名。由此可排除D选项。再看结果①，可以得出德国选手是丙，排第三名。综合所得结论，答案为C项。

7. 年龄与职业的关联探索

小杨、小方和小孙一位是经理，一位是教师，一位是医生。小孙比医生年龄大，小杨和教师不同岁，教师比小方年龄小。

根据上述资料可以推理出的结论是：

A. 小杨是经理，小方是教师，小孙是医生。

B. 小杨是教师，小方是经理，小孙是医生。

C. 小杨是教师，小方是医生，小孙是经理。

D. 小杨是医生，小方是经理，小孙是教师。

【答案】D

【解析】由题干提供的信息可以知道，小孙不是医生，小杨和小方不是教师。所以小孙是教师，那么答案为D选项。

8.3 烧脑的逻辑故事

1. 儿童节到了

儿童节这天，幼儿园热闹非凡，小朋友们尽情展示自己的才艺，享受属于自己的节日。幼儿园也为小朋友们准备了丰富的美食。点心有月饼、桃酥和蛋糕，水果有苹果、香蕉和鸭梨。

在老师给大家分食物前，小红表示自己不喜欢吃蛋糕和鸭梨。小华跟老师说自己不喜欢吃桃酥和苹果。小林告诉老师自己不愿吃蛋糕和苹果。老师根据小朋友的喜好拟出了三套分配措施，让小朋友们选择，最终小朋友们都得到了自己想要的食物，满意地笑了。老师给出的分配方案是：

1. 给小林分月饼和香蕉，给小红分桃酥和苹果，给小华分蛋糕和鸭梨。
2. 给小林分桃酥和鸭梨，给小红分月饼和苹果，给小华分蛋糕和香蕉。
3. 给小林分月饼和鸭梨，给小红分桃酥和苹果，给小华分蛋糕和香蕉。

幼儿园的老师真是值得敬佩，教得了知识，哄得了小孩，还能平衡好食物分配。既然要分配得让小朋友满意，那么就得严格按照小朋友的喜好来制定分配方案。因为小红和小林都不愿意吃蛋糕，那么就把蛋糕分给小华。又因为小华不喜欢吃苹果，所以给小华分香蕉或鸭梨。同样的推理方式，可以得出给小红和小林分配的食物。

2. 赵张孙李周吴攻关小组的协作智慧

甲公司两年前研发了一款新产品，凭借这款新产品甲公司迅速打开了市场，打响了自己在业界的名声。甲公司的负责人也因此而膨胀，不再注重产品的研发和公司的管理。最近一些不知名的小公司纷纷推出自己的新产品，且这些产品大有超过甲公司产品的趋势。这一现实情况的出现，让甲公司的负责人感觉到了危机的来临。于是甲公司的负责人商榷过后，决定成立特别攻关小组，重振公司雄风。

毕竟甲公司历史悠久、实力雄厚、人才荟萃。赵、张、孙、李、周、吴六个工程技术人员都非常优秀。现在要从这六个人中选出三人组成一个特别攻关小组，集中力量研制开发公司下一步将要推出的高技术拳头产品。为了使工作更有成效，人事部了解到以下情况。

（1）赵、孙两人中至少选上一位；
（2）张、周两人中至少选上一位；
（3）李、吴两人中的每一个都绝对不要与张共同入选。

（4）周家中有事，放弃了这次机会。

那么最终入选的是哪三位？

因为周放弃了这次机会，又根据情况（2），所以张必定被选上。再结合情况（4）与情况（1），可知赵、孙同时被选上。 不管怎么说，这两个人应该感谢周，因为周的退出为他们提供了机会。既然选上了就好好干，为公司重振雄风而努力！

3. 猜国籍

在一所国际学校中，每个班里的同学都来自不同的国家，有着不同的肤色。尽管如此，但大家热爱中国，努力学习的精神没有区别。这些不同国籍的人聚集在一起，互相交流各自的兴趣爱好、文化信仰等，相处得非常融洽。

李浩、王鸣和张翔是同班同学，住在同一宿舍。别看这些名字都是中国名字，其实这些人都不是中国人。因为入乡随俗，所以大家都取了中文名字。其中，一个是美国人，一个是英国人，一个是加拿大人。李浩和英国人不同岁，张翔的年龄比加拿大人小，英国人比王鸣年龄大。那么这三个人到底来自哪儿呢？正确答案是，李浩是加拿大人，王鸣是美国人，张翔英国人。

其实由故事可以得知，李浩不是英国人，张翔不是加拿大人，王鸣不是英国人。那么可以推出张翔就是英国人。又张翔的年龄比加拿大小，英国人比王鸣的年龄大。所以李浩是加拿大人。那么，剩下的王鸣毫无疑问就是美国人。

4. 三部片名与导演的关联探寻

在主持人宣读完"百花奖"的获奖名单后，本届"百花奖"评选结束了。具体评选结果是，甲电影制片厂拍摄的《黄河颂》获得最佳故事片奖，乙电影制片厂拍摄的《孙悟空》获得最佳美术片奖，丙电影制片厂拍摄的《白娘子》获得最佳戏曲片奖。

授奖大会以后，甲厂的导演说："真是有趣得很，我们三个人的姓分别是三部片名的第一个字，而且，我们每个人的姓同自己所拍的片子片名的第一个字又不一样。"这时候，三厂之一另一个姓孙的导演笑着说："真是这样！"那么，三位导演各姓什么呢？

由甲厂导演的话可知，甲厂导演不姓黄。又因为甲厂导演说完话后得到了孙导演的回应，那么甲厂导演也不姓孙。所以，可以推出甲厂导演姓白。由此得知，乙厂导演姓黄，丙厂导演姓孙。

不得不赞叹这届百花奖的评选方真够高明，颁奖也能衍生出一道逻辑推断题。虽然这只是巧合，但说明了一个问题，那就是逻辑与生活其实是紧密联系着的。逻辑学来自于生活，又高于生活，可以为生活提供指导。

5. 婚姻关系的规则与逻辑

在古代的部落社会，每个人都属于某个家族，每个家族只崇拜以下五个图腾之一：熊、狼、鹿、鸟、鱼。这个社会的婚姻关系遵守以下规则。

①崇拜同一图腾的男女可以结婚。

②崇拜狼的男子可以娶崇拜鹿或鸟的女子。

③崇拜狼的女子可以嫁崇拜鸟或鱼的男子。

④崇拜鸟的男子可以娶崇拜鱼的女子。

⑤父亲与儿子崇拜的图腾相同。

⑥母亲与女儿崇拜的图腾相同。

现在有一个崇拜鱼的女子结婚了，那么她嫁给了崇拜什么的男子？

由规则①可推出，她可能嫁给了崇拜鱼的男子。因为规则④，所以她也可能嫁给了崇拜鸟的男子。

根据规则⑤可知男子的父亲崇拜狼，也就是妹妹的父亲崇拜狼。从规则①②中可知，妹妹的母亲崇拜狼或鹿或鸟。再由规则⑥推出，妹妹崇拜狼或鹿或鸟。

6. O型血之谜

生物课上，老师刚讲了有关血型的知识。课后甲、乙、丙、丁四个人就迫不及待地开始讨论各自的血型问题了。 从他们的对话中可以知道，甲、乙、丙、丁四人的血型各不相同，即他们的血型各是 A 、B 、O、AB 四种血型中的一种。

甲说："我是 A 型。"

乙说："我是O型。"

丙说："我是AB型。"

丁说："我不是 AB 型。"

结果发现，四个人的话中，只有一个人的话是假的。现在乙承认自己的话为假话，那么四个人各是何种血型呢。

因为乙说的是假话，那么乙不是O型血。又四个人中只有一个人说了假话，那么甲是A型血，丙是AB型血，乙是B型血。由此又能推出丁是O型血。

7. 围棋冠军之争

甲、乙、丙、丁四人生活在同一个村子，并且是好朋友。他们之所以能成为好朋友，是因为他们四个人有一个共同的爱好——下围棋。他们四个人对围棋的喜爱简直到了如痴如醉的程度。四个人凑在一起下围棋，经常一下就是一天，连饭也顾不上吃。也正是因为这样，他们的围棋水平在当地无人能敌。因此当地人称他们四个为围棋四大天王。他们四个也经常参加一些比赛，每次都载誉而归。这四个人通过围棋把自己推向了世界，同时也让外界知道了这个村子的存在。

2016年3月，甲、乙、丙和丁毫无悬念地进入某围棋邀请赛半决赛，但最后要决出一名冠军。对此，张、王和李三人对结果做了如下预测。

张：冠军不是丙。

王：冠军是乙。

李：冠军是甲。

已知张、王、李三人中恰有一人的预测正确，那么谁最终夺得了冠军？冠军是丁！

如何得出谁是冠军呢？在此可以用假设法来推断。第一种情况，假设张预测正确，那么王、李预测不正确。所以冠军不是丙，不是乙，也不是甲，即冠军为丁。这是符合要求的。第二种情况，假设王预测正确，那么张、李预测不正确。所以冠军是丙，冠军是乙，冠军不是甲。这显然不正确，因此排除这种可能。第三种情况，假设李预测正确，那么张、王预测不正确。所以甲是冠军，丙是冠军，乙不是冠军。这种情况也不符合要求。综合以上情况来看，冠军为丁。不管最后谁得了冠军都是为围棋界争光，为整个村子添彩。

第9章

假设

　　"假设"是辅助逻辑推理的一种手段，是逻辑学理论知识实践过程中需要用到的一种方法。借助假设法，可以使得整个逻辑推理更加严谨，推理结论更具说服力。所以，哪怕是一个"假设"，大家也不能轻易放过它。

🗨 9.1 从零开始学假设

在学校食堂里，两个同学看到桌上摆着一盘小番茄。甲同学拿起一颗小番茄说："你看，当地的苹果真小啊！"乙同学点头附和："是啊，当地的西瓜也没有那么大，看来这里的土地确实不行呀！"这时，食堂阿姨走过来说："不好意思，这是小番茄。"

要让这个笑话成立，必须补充一个前提条件：这两个同学没有见过小番茄，也没有真正见过苹果和西瓜。只有这样，他们才会把小番茄误认成苹果，把普通番茄误认成西瓜，从而得出"土地贫瘠"的荒谬结论。

这就是假设论证法：在论证中通过补充一个前提条件，使推理能够成立。

补充的条件是"两个同学没见过小番茄，也没见过真正的苹果和西瓜"；有了这个条件，他们的错误推断才显得自洽；因此，这个补充前提就是论证成立的必要条件。

假设论证法是论证推理中的常见方法。它通常是在题干中补充一个前提条件，使原本看似荒谬或不完整的推理成立。这个补充条件往往是一个必要条件。

1. 补充前提

所谓补充前提就是为整个推理加上一个合理的前提条件，使得前提与结论之间形成紧密的因果关系，从而证明结论的正确性。

小王很外向，小王很受欢迎。

显然这个推论不够严谨，不符合逻辑要求。要使得这个结论成立，还需加上一个前提条件"非常外向的人很受欢迎"，那么上述推理中的前提与结论就形成了因果关系，因此结论得以证实。

2. 方法可行

因为假设推理有很强的原则性，所以假设推理法并非任何情况都适用。由于逻辑学是和实际生活紧密联系着的，所以在推理有意义的时候，假设推理才会出来助它一臂之力。

一名大学生为了将来的发展，选择了计算机专业。也就是说，在他决定报考计算机专业之前，他假设学习计算机能够带来更好的就业机会和发展前景。对他本人、对他的家人来说，这个假设都是有意义的，因此这个推理是可行的。

这里，"选择计算机专业"这一行为的背后，实际上依赖于一个假设条件：学习计算机将来能带来好结果。如果这个假设成立，选择就显得合理；如果这个假设不成立，选择就会被质疑。这正是假设论证法：通过假设一个前提条件，来支持结论或行为决策。

3. 无因无果

所谓无因无果、没有他因的假设推理是指通过假设一个条件来否定前提与结论无关，从而证明结论成立。其实这是一种反证法。当我们无法从正面补充假设时，可以考虑从反面入手。

💬 9.2 好玩的逻辑题

1. 电视频道

某天夜里，同宿舍的小赵、小钱、小孙、小李在谈论各自以及隔壁宿舍小周喜欢的电视频道。

小赵说："我和小钱都喜欢看教育频道，小孙喜欢看艺术频道。"

小钱说："我与小李都喜欢看财经频道，小孙喜欢看艺术频道。"

小孙说："我与小赵都不喜欢看教育频道，小周喜欢看纪实频道。"

小李说："小赵和小钱都喜欢看教育频道，我喜欢看新闻频道。"

若他们都只说对了两个人对电视频道的喜好，则小周喜欢的电视频道是什么？

A. 纪实频道。

B. 教育频道。

C. 新闻频道。

D. 艺术频道。

【答案】A

【解析】注意到题目中问的是小周喜欢的电视频道是什么，只有小孙提到了小周。并且每个人都只说对了两个人的喜好，说错了一个人的。这时候可以运用假设的方法，不妨假设小孙说的小周喜欢纪实频道是错的，因而小孙的另外两个猜测都是对的，也就是小孙和小赵不喜欢教育频道就是对的。

由小赵不喜欢教育频道是对的，而小赵说自己喜欢教育频道，因而这个猜测是错的，从而可以得到小赵的另外两个猜测都是对的，也就是小钱喜欢教育频道，小孙喜欢艺术频道是对的。同样的，小李说小赵喜欢教育频道这个猜测也是错的，得到他的另外两个猜测都是对的，也就是小李喜欢看新闻频道是对的。

最后分析小钱说的话，由小钱喜欢教育频道，从而可以得到小钱喜欢财经频道是错误的；同样的，由小李喜欢看新闻频道可以得到小李喜欢财经频道也是错误的，也就是小钱说的话有两处错误了，这与题中的条件矛盾。因而原来的假设是错误的，也就是小周喜欢纪实频道。

2. 如何排班

甲、乙、丙、丁、戊五人值班，从星期一到星期五，每人各值班一天。要求：乙排在丁、戊两人之前，丙不能排在星期二，甲和丁之间恰好隔开一天。问乙排在星期几时，五个人的值班顺序是唯一的？

A. 星期一。

B. 星期二。

C. 星期三。

D. 星期四。

【答案】C

【解析】首先，根据题中已知信息，由乙排在丁、戊两人之前，说明乙不可能排在星期四、星期五，此时可以排除D选项。这时候，可以使用假设法。

可以假设乙排班在星期一，由于丙不能排在星期二，则有星期二可能是甲、丁或戊，再根据甲和丁之间恰好隔开一天，如果甲排在星期二的话，就有"乙甲丙丁戊"和"乙甲戊丁丙"这两种排班的方法，与题目要求不相符。因此，可以排除A选项。

继续假设乙排班在星期二，则有丁和戊只能排在星期二后面，如果甲排在星期一的话，这时候就可以有"甲乙丁戊丙"和"甲乙丁丙戊"两种排班方法，也与题中要求不相符。因此，可以排除B选项。

此时，正确答案只能是C选项了。我们也可以验证C是否正确。假设乙排班在星期三，那么丁和戊只能排在星期四或者星期五，甲和丁是排在星期一或者星期二。根据题中条件，丁和甲之间恰好隔一天，现在丁和甲之间已经隔了乙，因此丁只能安排在星期四，甲安排在星期二，继续得到戊安排在星期五，丙安排在星期一。这是唯一满足题中规则的排班方法。

3. 学术界对小说家的影响分析

有人说，只要呆在学术界，小说家就不能变伟大。学院生活的磨练所积累起来的观察和分析能力，对小说家非常有用。但是，只有沉浸在日常生活中，才能靠直觉把握生活的种种情感，而学院生活显然与之不相容。

以下哪项陈述是上述论证所依赖的假设？

A. 伟大的小说家都有观察和分析能力。

B. 对日常生活中情感的把握不可能只通过观察和分析来获得。

C. 没有对日常生活中情感的直觉把握，小说家就不能成就其伟大。

D. 伴随着对生活的投入和理智的观察，小说家会变得伟大。

【答案】C

【解析】小说家所取得的巨大成就离不开学院生活的磨练和积累，但更多的还应该归功于日常生活所提供的灵感和情感。所以，以上结论的得出并不是没有道理可言。只是要证明结论的可靠性还需为其加上一个前提条件。从以上论证推理中不难看出，对于一个伟大的小说家来说，学院生活的磨练固然必不可少，但是对日常生活中情感的直觉把握更为重要。依据这种思想，那么这个论证所依赖的假设就是C项。

4. 烧焦的骨头之谜

有报道声称，最近，在某个七千年前的公社遗址中发现了烧焦的羚羊骨残片，这证明人类在很早的时候就掌握了取火烤食肉类的技术。

上述推论中隐含着下列哪项假设？

A. 从该遗址公社以来的所有人种都掌握了取火的技术。

B. 该遗址的人类不生食羚羊肉。

C. 只要发现烧焦的羚羊骨就能证明早期人类曾聚居于此。

D. 羚羊骨是被人类取火烧焦的。

【答案】D

【解析】传说在很久以前，人类并不会生火，也不知道火为何物。于是人们生吃食物，包括肉类食物。后来在一个电闪雷鸣的午后，人类发现了火，从此结束了生吃肉食的历史。要想证明题干中的结论，还需为其添加一个前提条件。虽然在遗址中发现了烧焦的羚羊骨残片，但如果这个骨头不是被人类取火烧焦，而是被闪电击焦，或者一些其他原因致焦，结论就不能成立。由此看来，需要添加的前提条件就是D项内容。

5. 校长的发言智慧

校学生会整理完了本学期申请勤工俭学的学生名单，并将名单上交给了校长。校长看到名单后，感慨颇多，于是决定召开一次校务会议。在校务会议上，校长发言说："总的说来，现在大学生的家庭困难情况比以前有了大幅度的改善。这种情况是十分明显的，因为现在要求学校安排课余勤工俭学的学生越来越少了。"

上面结论是由下列哪项假设得出的？

A. 现在大学生父母的收入不断增加，大学生不再需要用勤工俭学来养活自己了。

B. 尽管家境有了改善，大学生也应当参加勤工俭学来锻炼自己的实践能力。

C. 课余是否要求学校安排勤工俭学是学生家庭是否困难的一个重要标志。

D. 大学生把更多的时间用在学业上，勤工俭学的人就少起来了。

【答案】C

【解析】从校长的发言来看，其前提是事实，其结论也是事实。但是其前提与其结论之间并无本质联系，不足以证明其结论。要使这个结论具有说服力，那么就需要说明勤工俭学与家庭困难之间有着必然的关系。而C项内容恰好符合这个要求，因此答案为C项。

6. 镇静剂与谎言

某种小剂量镇静剂，可使人们在测谎测验中撒谎而不被发现。因为撒谎者在测谎测验受到的压力能够被这种药有效地抑制住，并且没有显著的副作用。这个事实的一个附加应用是：这种药在减少日常生活的压力时同样有效。

上文基于下列哪一个假设？

A. 镇静剂对压力总是一种有效治疗。

B. 压力反应的抑制增加主观的压力。

C. 测谎测验产生的压力与日常生活的压力类似。

D. 在测谎测验中撒谎的人总是显示压力信号。

【答案】C

【解析】要证明这个附加应用的真实性，需要说明这两种不同场景中的压力实则是同种类型，具有相似性。也就是说，使前提之间形成一种类比关系，用类比论证来证明结论的正确性。而在所给出的四个选项中，只有C项将两者进行了类比，并说明两者具有相似性，所以答案为C项。

7. 有毒的野草

欧洲蕨是一种有毒的野草，在北半球蔓延并且毁坏了许多牧场，对付这种野草有一种花钱少而且能够自我维持的方法，就是引进这种植物的天敌。因此，一些科学家建议，将产于南半球的以欧洲蕨为食的蛾子放养到受这种野草影响的北半球地区，以此来控制欧洲蕨的生长。

如果科学家控制欧洲蕨的建议被采纳，以下哪一项是它获得成功的必要条件？

A.北半球的这种欧洲蕨也生长在南半球气候和土壤条件相近的地区。

B.所放养的蛾子除了吃欧洲蕨外，也吃生长在北半球的其他野草。

C.所放养的蛾子能够在北半球存活下来，并且能够形成一个足够大的群体，以便降低欧洲蕨的数量并阻止其生长。

D.欧洲蕨的数量减少后，牲畜将对这种野草引起的疾病产生免疫力。

【答案】C

【解析】很显然，如果这种产于南半球的蛾子并不能在北半球生存下来，那么科学家的建议就毫无意义可言。所以在科学家的论证推理中，暗含了这种蛾子能够在北半球生存，并且能够控制欧洲蕨的假设。由此看来，选项C符合题意。

8. 面试者的录用标准

刚刚毕业的小亮与同学们一样忙着找工作。经过仔细考虑和筛选，小亮向自己的心仪的六家公司投去了简历。很快，小亮相继收到了公司的面试通知。但六次面试都被拒绝，这让小亮无法淡定了。看着身边的同学们都一个个走上了工作岗位，小亮决定向身为某公司面试官的父亲求助。

父亲听了小亮的话后，告诉小亮说："面试在求职过程中非常重要。经过面试，如果应聘者的个性不适应待聘工作的要求，则不可能被录用。"

小亮父亲的论断是建立在哪项假设的基础上的？

A.必须经过面试才能取得工作，这是工商界的规矩。

B.只要与面试主持人关系好，就能被聘用。

C.面试主持者能够准确地分辨出哪些个性是工作所需要的。

D. 面试的唯一目的就是测试应聘者的个性。

【答案】C

【解析】由此看来，小亮之所以被屡屡拒绝，是因为面试者对小亮进行面试后，发现其个性与工作要求并不相符。可能事实的确如此。但小亮的父亲并没有说清楚为什么经过面试能够知道应聘者的个性是否与工作要求相符。而加上选项C这个前提后，就能够说明问题了，所以答案为C。

9.3 烧脑的逻辑故事

1. 美酒和毒酒

以前，有个智者因为触犯了法律，要被处以死刑。审判他的官员是这位智者的好朋友，他不忍心看着智者被处以死刑，又不能触犯法律，便设立了一个特殊的行刑方式，希望智者能够运用自己的智慧来拯救自己的生命。

到了行刑的这一天，只见刑场上站着两个刽子手甲和乙，他们的手中各拿着一瓶酒，两瓶酒在外形上一模一样。这位审判官告诉智者：第一，这两瓶酒当中，一瓶是美酒，另一瓶是毒酒；第二，这两个刽子手有问必答，但是其中一个只回答真话，另一个只回答假话，并且从外表上无法断定谁说真话，谁说假话；第三，两个刽子手彼此间都互知底细，即相互之间都知道谁说真话或假话，谁拿美酒或毒酒。现在只允许智者向两个刽子手中的任意一个人提一个问题，然后从两瓶酒中选择一瓶，将它一饮而尽。

智者经过短暂的思考，提出一个巧妙的问题，喝下的是美酒，因而逃过了这次刑罚。你知道智者提出的是什么问题吗？

在这个故事中，智者向刽子手甲提出了一个问题：刽子手乙将如何回答他手里拿的是美酒还是毒酒这个问题？从而巧妙地找出了美酒。

根据这个问题：如果智者得到的回答是毒酒，再进一步假设甲说的是真话，也就得到甲的回答是真话，也就是乙会说自己手里拿的是毒酒，而乙肯定是说假话的，因此也就确定乙的手里拿的是美酒；如果甲说的是假话，也就确定甲的回答是假话，也就是实际上乙会说自己手里拿的是美酒，而乙肯定是说真话的，因此也就确定乙手里拿的确实是美酒。无论甲说的是假话还是真话，只要智者得到的回答是毒酒，就可以肯定乙手里拿的是美酒，甲手里拿的是毒酒。同样的，也可以肯定，无论甲说的是真话还是假话，只要智者得到的回答是美酒，就可以肯定乙手里拿的是毒酒，甲手里拿的是美酒。

智者设计的这个问题，实质上妙就妙在他并不需要知道两个刽子手谁说真话谁说假话，就能确定得到的一定是个假答案。因为无论哪种假设是成立的，得到的结论都可以确定是假的。如果甲说真话，乙说假话，则情况就是甲把一句假话真实地告诉智者，智者听到的是一句假话；如果甲说假话，乙说真话，则甲就把一句真话变成假话告诉智者，智者听到的还是一句假话。总之，智者听到的总是一句假话。

2. 被识破的伎俩

夏日的一个夜晚，威尔森家突然传来了一声枪声。等到警官克鲁斯和几个警察赶到时，只看见威尔森和椅子都倒在地上的血泊之中，他的右手握着一把手枪。桌子上放着一份遗书、一支笔和一台电风扇，遗书上面说他因丧偶后难耐的孤独而自杀，赶去天堂与妻子相会。

警官克鲁斯进一步观察着现场，发现电风扇的电源线已经从墙壁的插座上拔出，电源线也被压在威尔森的身下。"是威尔森从椅子上翻倒时碰脱的？"克鲁斯此时心里滋生了这么一个问题。为了慎重起见，他慢慢地将电源线的插头插入，果然发现电风扇的开关是没有关的，风扇直接转动了起来，他又将遗书放到桌子上，结果遗书被吹到了桌下。此时，克鲁斯警官心里有谱了："这不是自杀，是他杀！凶手在射杀威尔森后，将假遗书放到桌上然后逃离现场。"

在这个侦察推理的小故事中，克鲁斯警官正是利用了假设的方法，将电风扇通电，结果发现风扇没有关，便可以断定风扇应该是因为威尔森倒地时弄脱电源线而停止的。接着，克鲁斯警官进一步假设，如果是威尔森写好遗书放在桌上再自杀的话，那个时候风扇一定是还在转动的，就会把遗书吹到桌下。因此，克鲁斯警官便断定威尔森不是自杀，是他杀。而此时根据现场，唯一合理的假设只能是：凶手射杀威尔森后，为了伪造成威尔森自杀的样子，把事先准备好的假遗书放在了桌子上，然后逃离现场。

3. 化学工业安全问题的深度剖析

松田美子此刻正与一家化工公司的负责人吵得不可开交。这家化工公司是松田美子父亲工作了三十年的地方。三十多年来，松田美子的父亲一直尽职尽责地为这家公司服务。可是前不久，松田美子的父亲被查出患了严重的呼吸道疾病。据医生说，这是长期在化工厂工作所致，并且要彻底治疗这种疾病需要一笔不菲的费用。而父亲是家里唯一的经济来源，现在父亲倒下了，美子只能想到向父亲曾经卖命工作的公司求助。没想到这家公司过河拆桥，否认美子父亲的病是工作所致。

这家公司的负责人还说："虽然自从化学工业成为一个产业以来，人们一直担心，它所造成的污染将严重影响人类的健康。但统计数据表明，这半个世纪以来，化学工业发达的工业化国家的人均寿命增长率，大大高于化学工业不发达的发展中国家。因此，人们关于化学工业危害人类健康的担心是多余的。你父亲的病不可能是工作所致。"

美子听了这话以后，虽然不愿意承认，也不敢相信，但吵来吵去也找不到一个有力的反驳理由。

其实，这位负责人的话存在逻辑漏洞，美子只需要找出这个逻辑漏洞就能击败这位负责人。负责人以化学工业发达的国家的人均寿命增长率高作为前提，直接推出化学工业无害于人类健康。这个言论看似有理，事实上这两者间并无直接联系，也就是说，这个前提不足以证明结论的真实性。而要使得结论成立，至少要为其添加一个条件，即如果不出现发达的化学工业，发达国家的人均寿命增长率不会因此更高。

大家都知道人均寿命增高与很多因素有关，比如医疗卫生水平的提高，生活水平的提高等。所以这个前提不具有科学性。其实只要松田美子找到这两个漏洞中的任意一个，都能有力地反驳负责人。由此看来，学习逻辑学的确很重要。

4. 大草原的新发现

相传人类的祖先是类人猿。类人猿很早就会使用工具了，从而减轻了自己的工作负担，提高了工作效率。

据考古学家说，类人猿和其后的史前人类所使用的工具很相似。因为最近在东部非洲考古所发现的古代工具，就属于史前人类和类人猿都使用过的类型。但是，发现这些工具的地方是热带大草原，热带大草原有史前人类居住过，而类人猿只生活在森林中。因此，这些被发现的古代工具是史前人类而不是类人猿使用过的。

这个论证看似有道理，实则经不起推敲，没有说服力。因为考古学家忽略了沧海桑田的事实。如果这个热带草原是由森林演变而来的，那么这个结论就被推翻了。所以，要使考古学家的结论具有说服力，应为其添加一个假设前提，即使在相当长的环境生态变化过程中，森林也不会演变成为草原。

5. 急性视网膜坏死综合征的医学逻辑

昨天小光的世界还是多姿多彩的，今天就变成了一片漆黑。没错，他在一夜之间失去了明亮的双眼。不仅小光无法接受这个事实，小光的父母以及亲朋好友全都无法接受这个残酷的事实。

经过检查，医生断定小光患了急性视网膜坏死综合征。医生还告诉小光说："这是一种由疱疹病毒引起的眼部炎症综合征。急性视网膜坏死综合征患者大多临床表现为反复出现，相关的症状体征时有时无，药物治疗效果不佳。这说明，此病是无法治愈的。"

医生的结论给了小光以及小光父母当头一棒，让他们悲痛的心情更加沉重。但是小光很快从悲痛中走出来了，并且积极配合医生的治疗。因为小光仔细思考了医生的话，发现医生的话存在逻辑漏洞。根据医生所给出的前提条件，不足以证明"此病是无法治愈的"。如果要证明这个结论，那么还需要一个前提条件，即反复出现急性视网膜坏死综合征的症状体征的患者没有重复感染过疱疹病毒。

实际上医生没有确定患者是否重复感染过这种病毒，而将控制这种病毒想得太难了。换句话说，这种病还是有治愈的希望。正是因为小光的严谨逻辑，他重新对治疗、对生活充满了信心。

6. 已婚夫妇的独立生活挑战

小叶和小水结婚后，离开了双方父母，住进了自己的小家。这一刻对于他们来说，是向往已久的。因为没有人再对他们的各种所谓的不良生活习惯说"不"了，没有人早上催他们起床，晚上催他们睡觉。他们可以随心所欲地通宵达旦，或者睡到日上三竿。但是，两人生活了半个月后，主动搬回了父母家中。因为，没人给他们做饭，也没人为他们收拾屋子，而他们自己也不会。总之，离开了父母后，他们无法独立生活。

一项调查结果显示，1995 年，年龄在25岁到30岁之间的已婚青年夫妇，与父母或岳父母生活在一起的人占该年龄段已婚人口的比例是15%。而2002

年，这一比例升至46%。因此，有人得出结论，在2002年，25—30岁这一年龄阶段的已婚青年夫妇更加难以独立生活。

显然这个结论的得出还要基于这样一个假设，即这一年龄段的青年夫妇只要能够独立生活，就不会选择与双方父母亲共同生活。的确，从小叶和小水的例子中能够看到，他们选择与父母一起生活的原因在于，他们难以独立生活。所以加上这个前提条件后，整个论证过程更加严谨，结论更具有说服力。

7. 随机抽取样本实验的科学意义

某超市计划在H市开一个分店。为了最大程度地打开市场，超市决定先做一个市场调查，以问卷的形式展开。在为期一周的市场调查结束后，超市对调查结果进行了统计和分析，但得到的结果与预期存在差距。于是，相关负责人决定三个月后再进行一次问卷调查。这次问卷调查的内容与前一次问卷调查的内容大体相同，唯一的不同之处是问题的排列顺序发生了改变。但是这次问卷调查得到的结果与前一次截然不同。

于是有人得出结论，这表明有时只因排在前面的问题不同，就会导致对后面问题的回答不同。

超市忽略了一个问题，即同一个人在不同的时间、不同的地点、甚至不同的天气状况下，对同一个问题都会做出不同的回答。也就是说，以上结论是在顾客不会在一年中的不同时间对这些问题做出不同的回答这样一个假设下得出的。

ABC

第10章

支持

　　一个人在万念俱灰的时候，最需要的是别人的支持。不仅仅是人，逻辑推理也需要"支持"。有时候，一个"支持"条件，就能让毫无逻辑或者逻辑性很弱的推论瞬间变得非常严谨、逻辑性极强。所以，有时候你的推论不够严谨，其实只是缺少了一个"支持"而已。

🗨 10.1 从零开始学支持

何为支持？一个论证推理的过程中，有时候所给出的前提条件虽然能够推出结论，但是对结论的论证力度不够。因此为了使结论更具说服力，还需为其添加一个前提条件。换句话说，有了这个前提条件，就能最大程度地保证这个结论成立。支持与假设有共同之处，即当支持条件为结论成立的一个必要条件时。但它们也有不同之处，因为支持还可以是结论成立的充分条件。

1. 肯定假设与因果联系的逻辑纽带

肯定假设即通过增加一个肯定的前提条件，使得前提与结论之间形成一种因果联系，从而证明结论成立。

2. 加强前提与支持结论的论证技巧

大家都知道，律师在为其委托人辩护的过程中，往往会借助一堆事实或者证据。类比到逻辑学中，在一个逻辑推理过程中，要得出一个具有说服力的结论，强有力的前提条件也是必不可少的。所以为了最大程度地支持结论，可以使用加强前提的方法。也就是在论证中，添加一些正面事实作为前提条件。

🗨 10.2 好玩的逻辑题

1. 强制陪伴与幸福的逻辑关联

有专家认为：我们应当制定全国性的政策，用立法的方式规定父母每日与未成年子女共处时间的下限。这样的法律能够减少子女平日的压力，因此也就能够使家庭幸福。

以下各项如果为真，哪项最能够加强上述的推论？

A. 父母有责任抚养好自己的孩子，这是社会对每一个公民最起码的要求。

B. 大部分的孩子平常都能够与父母经常在一起。

C. 这项政策的目标是降低孩子在平常生活中的压力。

D. 未成年孩子较高的压力水平是成长过程以及长大后家庭幸福的最大障碍。

【答案】D

【解析】专家认为这样制定的法律能够使家庭幸福。而选项A中说的内容与教授的结论没有任何关系，所以排除。B项也是无关项，不能起到加强推论的作用，因此排除。很明显这项政策的目的是让家庭更幸福，所以C项表述不正确，排除。那么答案为D项。如果将D项内容作为前提添加到推论中，结合这样的法律能够减少子女平时的压力这一前提，使得整个推论有理有据，得到了加强。

2. 老李的深刻见解

会议上，老李率先发言，他说："虽然高等学校入学人数已经逐年下降，但是小学入学人数增长了很多。所以，地区教育部门应该建一所新的小学。"

老刘说："另一个解决办法是把一些高校的教室用作小学教室。"

下列哪项最好地支持了老刘的方案？

A. 一些高校的教室不适合用作小学的教室。

B. 建一所高校的费用远高于建一所小学。

C. 虽然出生率并未提高，但是有孩子在高校读书的家庭数量增加了很多。

D. 在高校人数减少之前，就有很多高校的教室很少被使用。

【答案】D

【解析】支持老刘的方案即证明将高校教室用作小学教室是切实可行的。在所给出的四个选项中，选项A明确表示高校教室不适合用作小学教室，这是在反对老刘的方案，而非支持。选项B表达的内容与题干无直接关系，排除。选项C同样与题干无关，不选。而选项D中说很多高校教室很少被使用，即高校教室被闲置，所以将高校教室用作小学教室是一个可行的办法。那么，正确答案为D。

3. 换灯泡与照明问题的逻辑解决

高塔是一家占用几栋办公楼的公司，考虑在所有建筑内都安装节能灯泡。这种新灯泡与目前正在使用的传统灯泡发出同样亮度的光，而所需的电量仅是传统灯泡的一半，并且寿命也大大加长。因此通过在旧灯泡坏掉的时候换上这种新灯泡，高塔公司可以大大地降低其总体照明的成本。

下面哪项如果正确，最能支持上面论述？

A. 如果广泛地采用这种新灯泡，那么新灯泡的产量就会大大增加，从而使其价格与那些传统灯泡相当。

B. 向高塔提供电力的公司向其最大的客户提供折扣。

C. 高塔最近签订了一份合同，要再占用一栋小的办公楼。

D. 高塔发起了一项运动，鼓励其员工每次在离开房间时关灯。

【答案】A

【解析】要支持上面的结论，就需要证明使用这种新灯泡的确能够达到降低总体照明成本的目的。从选项A的内容来看，新灯泡的价格并没有高于传统灯泡，题干又表示了新灯泡能够节能。由此看来，使用新灯泡可以降低照明成本。所以A项能够支持上述结论，那么答案为A。

4. 拆锁设置与盗窃案的关联分析

L国10年前放松了对销售拆锁设备的法律限制后，盗窃案发生率急剧上升。因为合法购置的拆锁设备被用于大多数盗窃案。所以重新引入对销售该设备的严格限制将有助于减少L国的盗窃发生率。

下面哪一项如果正确，最有力地支持了以上论述？

A. L国的总体犯罪率在过去十年中急剧增加了。

B. 重新引入对销售拆锁设备的严格限制在L国得到了广泛的支持。

C. 在L国重新引入对销售拆锁设备的严格限制不会阻碍警察和其他公共安全机构对这种设备的合法使用。

D. 在L国使用的大多数拆锁设备是易坏的，并且通常会在购买几年后损坏而无法修好。

【答案】D

【解析】因为L国在十年前就放松了对销售拆锁设备的法律限制，所以已经有很多人购买了这种设备。如果这种设备不易损坏，使用寿命很长的话，那么重新引进严格限制销售该设备的法律就毫无意义可言。也就是说，只有在这种设备极易损坏，需要反复购买的情况下，严格限制的法律才能生效，达到降低盗窃发生率的目的。而四个选项中，只有D项表达了这种意思，因此答案为D项。

5. SK3与记忆力的科学探索

科学家发现，一种名为"SK3"的蛋白质在不同年龄的实验鼠脑部的含量与其记忆能力密切相关：老年实验鼠脑部SK3蛋白质的含量较高，年轻实验鼠含量较少；而老年实验鼠的记忆力比年轻实验鼠差。因此，科学家认为，脑部SK3蛋白质含量增加会导致实验鼠记忆力衰退。

以下哪项如果为真，最能支持科学家的结论？

A. 在年轻的实验鼠中，也发现脑部SK3蛋白质含量较高的情况。

B. 已经发现人类的脑部也含有SK3蛋白质。

C. 当科学家设法降低老年实验鼠脑部SK3蛋白质的含量后，它们的记忆力出现了好转。

D. 科学家已经弄清了SK3蛋白质的分子结构。

【答案】C

【解析】如果脑部SK3蛋白质含量增加会导致记忆力衰退，那么当脑部SK3蛋白质含量减少时记忆力必定会提高。也就是说，这两个结论是同时成立的。因为科学家得出的是前一个结论，要支持科学家的结论，只需说明后一个结论成立即可。因此答案为C。

10.3 烧脑的逻辑故事

1. 想多卖货，先把灯打开

小马和小刘两人共同开了一家百货商场。商场开业已经有几个月了，但销量迟迟不见提高。为了提高销售量，两人绞尽脑汁，想出了各种促销办法，比如广告推广、打折出售、买一送一、送货上门、购物抽奖，等等。尽管花样百出，但销售量依然不见起色。就在他们一筹莫展之际，小马无意间看到了一则关于赛发特百货的新闻。

新闻的内容大致是，具有独一无二的大型天窗的赛发特百货商场的经验表明，商店内射入的阳光可增加销售额。赛发特的大天窗可使商店的一半地方都有阳光射入，这样可以降低人工照明需要，商店的另一半地方只有人工照明。从该店两年前开张开始，有阳光的各部门的销售量要远高于其他各部门的销售量。

看完这则新闻后，小马深受启发。于是小马对小刘说："我们也应该在商场中开一个大天窗，或许这比任何促销办法都管用。"小刘听了之后，觉得新闻的结论不具有说服力，并不赞同小马的观点。为了说服小刘，执着的小马找来了资料，证明在商场夜间开放的时间里，位于商场中天窗下面部分的各部门的销售额不比其他部门高。这份资料的得出让小刘心服口服地赞同了小马的观点。于是，商场的天窗被打开了。也正是因为如此，他们百货商场的销量大增，知名度也大大提高。

虽然赛发特百货商场中天窗下的各部门销售量远远领先是事实，但这有可能只是巧合，并不具有说服力。如果加上"夜间该商场天窗下面各部门的销售额不比其他部门高"这一条件，就形成了一种对比的效果，使得结论更具有说服力。

2. 燕麦粥与智慧的关联

小聪的父母非常重视孩子的成绩，为此，小聪的母亲给小聪买来了一大堆燕麦。原因是喝燕麦粥能提高智商。

原来最近有一则广告疯狂流行，广告讲的是一家大型谷物食品公司说，受教育程度越高的人，在他们还是孩子的时候，经常吃燕麦粥的可能性就越大。该公司引用了对全国大学毕业生的随机调查报告作为例证。报告显示，在被调查的人中有4/5的人在他们年幼的时候每周至少吃一次燕麦粥。

小聪听妈妈说了这则广告的内容后，拒绝吃妈妈买来的燕麦。因为他认为广告中的推论不够严谨，因此不可信。

他向妈妈解释道："即使上了大学，也不一定能获得大学学位。除非证明没有取得大学学位的人在他们是孩子时经常吃燕麦粥的比例不到4/5。否则，结论不具有说服力。"看来小聪也有着严谨的逻辑。

3. 玫瑰城修路决策的智慧

M市因其种植了多种多样的玫瑰而被冠名为玫瑰城。这些多种多样的玫瑰吸引了不少游客前来观赏。大量游客的到来，一方面促进了M市的经济发展，另一方面也使得M市的道路遭到严重损坏。因此M市政府对此召开了专题会议，会议决定花100万美元修理道路。

预计在一年内完成这样的修理之后，玫瑰城每年将因此避免支付大约300万美元的赔偿金。这笔赔偿金历年来一直作为给因道路长年失修而损坏的汽车的理赔费。

M市市政府将这个决定公示后，有民众对此提出了质疑。因为民众认为政府关于新修道路能够避免支付赔偿金的决定不具有说服力。政府方面听了民众的反映后，在公示中添加了一个前提条件，即该地的道路修理好之后，在近几年内不会有车辆因道路原因而损坏。自此以后，没有民众再来反映这个公示不合理了。

对公示的一个小修改，就能有这么好的效果。因为添加这个条件后，达到了从正反两方面证明这个结论的效果，使得论证严谨，逻辑严密，具有说服力。

4. 赛车安全性的科学验证

赛车比赛是一项刺激而又令人兴奋的活动，但其潜在危险也不容小觑。不少有经验的赛车手最终命丧赛道。因此，赛车的安全性一直以来都是备受关注的话题。如何提高赛车的安全性是赛车行业各界人士一直在研究的问题。随着技术的发展和研究的深入，赛车的安全性有了提高。

自1965年到1980年，某地赛车比赛中赛车手的平均年龄和赛车经历逐年增长。这一增长原因是高速赛车手比他们的前辈们活得更长了。赛车的安全性提高后，能降低比赛事故的严重性，这是当地赛车比赛中车手平均年龄增长的根本原因。

这个论证出来之后，有人对这个结论提出了质疑。如果在1965年之前，赛道上重大事故发生频率偏高，而在1965年之后，赛道上事故发生频率大大降低，那么论证中的结论就不能成立，即不能说明是因为赛车安全性提高使得赛车手的平均年龄增长。因此要使这一结论成立，那么就需为其添加一个支持条件，即1965年之前和之后，高速赛车道上的重大事故发生频率相同。

5. 轿车试验的安全保障

行人较多的马路上发生了一起交通事故。从事故现场来看，是两辆轿车追尾造成了这起事故的发生。所幸的是，事故并未造成人员伤亡。记者仔细观察两辆车的车牌发现，被追尾的车辆的车牌是00544（动动我试试），而追尾的那辆车的车牌是44944（试试就试试）。记者就此对追尾司机进行了采访，司机说："是的，就是因为他那车牌号激怒了我。要知道，我这款锐进牌车号称钢铁侠。"这时，被追尾司机说："事实证明，钢铁侠也不过如此，还是我的飞鸟质量好。"

原来他们两人的车都出自飞驰汽车制造公司，并且这两款车是飞驰同时推出的两款春季小型轿车。两款轿车销售时都带有桥车安全性能和出现一般问题时的处理说明书以及使用轿车一年后的情况反馈表。56%飞鸟轿车的购车者同时购买了轿车保险；锐进轿车的购车者有82%同时购买了轿车保险。一年后，锐进轿车出现问题的反馈量是飞鸟轿车出现问题的反馈量的4倍。由此可见，锐进轿车的质量比飞鸟轿车的质量差，锐进轿车的购车者同时购买轿车保险的数量比飞鸟轿车多是有一定道理的。

如果购买飞鸟轿车的人远远低于购买锐进轿车的人数，那么以上结论就被推翻。

所以，要证明以上结论，还需为其添加一个支持条件，即购买飞鸟轿车的客户数量多于购买锐进轿车的客户数量，才能说明飞鸟轿车的质量比锐进牌轿车好。

ABC

第11章

削弱

当你在与别人争论时处于下风，要怎么反击呢？其实这种局面是完全可以改变的。如果你能够又快又准地找到对方推论的漏洞，或是能够一针见血地找出一个能够削弱对方观点的条件，那么你将转变局势，反败为胜。

11.1　从零开始学削弱

削弱是一个与支持相对应的概念。简单来说，削弱即反对。也就是为了有力反对对方的推论或结论，而为其添加一个前提条件，以证明对方的推论或结论不成立。

有一位名人受到偷逃个人所得税的控告时，她为自己辩护说："多年来，我已经交了上百万元的个人所得税，比我表妹所在的国营机械厂所交的税还要多。难道这也是罪过吗？"法官对此回应说："一个人交税总额的多少并不能证明她在每一项收入上都交了应缴的税额。"

法官的回应就有力地削弱了这位名人的推论。也就是说名人的辩护在法官指出的这一前提条件下是不成立的。

1. 最强削弱的逻辑力量

所谓最强削弱，即找出一个前提条件，以此说明结论一定不成立。

某网友说："几乎没有人会支持损害他们利益的提案。然而据《××时报》报道，在历时17天的'我为公共交通价格改革建言献策'活动中，参与活动的上万市民多数赞同上调地铁和公交票价。让大家多掏钱还点赞，这个结果一定是假造的。"

针对这位网友的结论，有人解释说："只有对公共交通价格改革感兴趣的人才参与活动，统计结果仅仅反映了这一部分人的意见。"

显然，这个解释证明了网友的结论是错误的，是一定不成立的。因此可以说这个条件对网友的结论起到了最强削弱作用。

2. 削弱变形的灵活策略

削弱变形是指这种削弱不是直接否定结论，而是否定推论中的条件、论据、观点等。

"传统观点"普遍认为，《周易》八卦和六十四卦卦名的由来或是取象说，或是取义说，不存在其他的解释。取象说认为八卦以某种物象的名来命名，比如乾卦之象为天，乾即吉时的天字，故取名为乾；取义说认为卦象代表事物之理，取其义理作为一卦之名，比如坤卦之象纯阴，阴主柔顺，故此卦名为坤，坤即柔顺之义。

有专家指出，卦名出自卦辞记述的所占之事，坤卦所占问的是失马之事，当初筮得代表坤卦的☷☷象，因认为牝马驯良可以找到，便取名为坤。

由此可以知道，专家的话削弱了传统看法中关于坤卦的来源。换句话说，专家的话削弱了传统观念。

📃 11.2 好玩的逻辑题

1. 地球和月球

地球和月球相比，有许多共同属性，如它们都属太阳系星体，都是球形的，都有自转和公转等。既然地球上有生物存在，那么，月球上也很可能有生物存在。以下哪项如果为真，则最能削弱上述推论的可靠性？

A. 地球和月球大小不同。

B. 月球上同一地点温度变化极大，白天可以上升到128℃，晚上可以降至零下180℃。

C. 月球距地球很远，不可能有生物存在。

D. 地球和月球生成时间不同。

【答案】B

【解析】本题考查了类比推理结论的可靠性。

题干中将地球和月球进行类比推理，这两者有很多相同点（都是球形、都有自转和公转等），以"地球上有生物存在"作为类推的前提，得到结论：月球上也有生物存在。并且题干要求找出最能削弱这个推论的一项。

我们都知道，类比推理的结论要可靠，有一个关键是两个事物之间的本质是要有共性的。反过来，也可以说，如果我们找到了类比推理中两个事物之间本质上不同的地方，也就能削弱推理得到的结论了。在这道题中，题干是以地球和月球有相同点为论据支持结论的，故寻找它们之间本质的不同点才最能削弱题干。

最后，看题中给出的四个选项，四个选项都是表述的地球和月球之间的不同点，但相对来说，其中最优的选项应为B。原因在于：对于生物的存在，B选项所表达的温度才是最本质的影响因素。

2. 杀毒软件

计算机反病毒公司把被捕获并已经处理的病毒称为已知病毒，否则就是未知病毒。到目前为止，杀毒软件对未知病毒的防范滞后于病毒的出现，因为杀毒软件不能预先知道未知病毒的情况。有人想研制主动防御未知病毒的反病毒工具，这是不可能的，这就如同想要为一种未知的疾病研制特效药一样异想天开。

如果以下哪项为真，能够最大程度地削弱上述论证？

A. 真正有创意的、技术上有突破的病毒通常是概念病毒，这类病毒一般破坏性不大。

B. 99%的未知病毒是模仿已知病毒编写的，它们的传播、感染、加载、破坏等行为的特点可以从已知病毒中获悉。

C. 计算机病毒是人编写的，它们远比生物界的病毒简单。

D. 反病毒公司每次宣称发现的新病毒，是人通过一定的方法判断出来的。

【答案】B

【解析】本题考查了类比推理的结论。

首先，分析题干信息。题干根据"杀毒软件不能预先知道未知病毒的情况"，和"这就如同想要为一种未知的疾病研制特效药一样异想天开"进行类比推理，从而得出结论"想研制主动防御未知病毒的反病毒工具是不可能的"，而题目要求对这个结论进行削弱。

接着，分析四个选项。要削弱题干类比推理得到的结论，就必须能够根据选项推出与之相反的结论，也就是"想研制主动防御未知病毒的反病毒工具是可能的"。对于A选项，病毒破坏性不大并不意味着一定能够研制主动防御未知病毒的反病毒工具，两者并没有太多的联系。对于B选项，根据题干，显然对于已知的病毒是可以研制反病毒工具的，再结合B选项，从而可以得到"想研制主动防御未知病毒的反病毒工具是可能的"，这也就削弱了题干得出的结论。对于C选项，陈述了计算机病毒和生物界病毒的一个不同点，试图以此来说明题干中类比推理是不一定成立的，但是削弱的力度不如选项B。最后，看D选项，和题干结论没有什么联系，是无关的选项。

3. 外科手术的逻辑反思

有些外科手术需要一种特殊类型的线带，使外科伤口保持缝合状态达到十天。这是外科伤口需要的最长时间。T形带是这种线带的一个新品种。T形带的销售人员声称T形带将会提高治疗功效，因为T形带的黏附时间是目前使用的线带的两倍。

以下哪项如果成立，最能说明T形带销售人员所做声明中的漏洞？

A. 大多数外科伤口愈合大约需要十天。

B. 大多数外科线带是从医院而不是从药店得到的。

C. 目前使用的线带的黏性足够使伤口保持缝合状态十天。

D. 现在还不清楚究竟是T形带还是目前使用的线带更有利于皮肤的愈合。

【答案】C

【解析】要说明销售人员声明中的漏洞，即削弱他的结论。由于外科伤口保持缝合状态需要达到十天，也就是说线带的黏合时间在十天左右是最佳的。由此看来，C项表述的内容最能削弱销售人员的声明。

4. 虾的觅食逻辑

有一种虾习惯生活在超高热的深海喷泉附近，在它的附近发现了可作为虾食物的细菌。因为喷泉发出微弱的光，科学家得出结论：这种虾是通过对光敏感的背部的斑块来定位喷泉，从而发现食物。

下面哪一项如果正确，最能反对科学家的结论？

A. 喷泉发出的光并不是虾敏感的光。

B. 喷泉发出的光太微弱了，以至于人眼看不见。

C. 喷泉内部的温度足以迅速杀死任何进入其中的细菌。

D. 许多其他类虾用位于眼柄末端的眼睛来观察。

【答案】A

【解析】很显然，由题干可以知道，如果喷泉发出的光不能被虾感受到，那么它就无法通过其来定位，也就无法发现食物。所以，当选项A正确时，科学家的结论无法成立。

5. 广告与销售额的关联分析

近年来，立氏化妆品的销量有了明显的增长。同时，该品牌用于广告的费用也有同样明显的增长。业内人士认为，立氏化妆品销量的增长，得益于其广告的促销作用。

以下哪项如果为真，最能削弱上述结论？

A. 立氏化妆品的广告费用，并不多于其他化妆品。

B. 立氏化妆品的购买者中，很少有人注意到该品牌的广告。

C. 注意到立氏化妆品广告的人中，很少有人购买该产品。

D. 消协收到的对立氏化妆品的质量投诉，多于其他化妆品。

【答案】C

【解析】此题中的削弱需要说明广告并没有提高该化妆品的销量。按照这种逻辑，那么选项C是符合要求的。

6. 限制网游的国家行动

有专家提出，"网络游戏防沉迷系统"的实施，将有效地防止未成年人沉迷于网络游戏。

以下哪项说法如果正确，能够最有力地削弱上述结论？

A. "网络游戏防沉迷系统"的推出，意味着未成年人玩网络游戏得到了主管部门的允许，从而可以从秘密走向公开化。

B. 除网络游戏外，还有单机游戏、电视机上玩的PS游戏等，"网络游戏防沉迷系统"可能会使很多未成年玩家转向这些游戏。

C. 许多未成年人只是偶尔玩玩网络游戏，"网络游戏防沉迷系统"对他们并无作用。

D. "网络游戏防沉迷系统"对成年人不起作用，未成年人有可能冒用成年人身份或利用网上一些生成假身份证号码的工具登录网络游戏。

【答案】D

【解析】从题干中可以清楚地知道，这套系统主要针对的用户群体为未成年人。如果未成年人冒用身份或隐瞒真实身份，那么这套系统就不能起到预期作用，以上结论也就无法成立。因此，当选项D的说法正确时，以上结论被削弱。

7. 商场经理的决策智慧

商场经理为减少营业员人数，同时方便顾客，把儿童小玩具从营业专柜移入超市，让顾客自选。

以下哪项为真时，则经理的做法会导致销售量下跌？

A. 儿童小玩具品种多，占地并不大。

B. 儿童和家长是在营业员的演示下引起对小玩具的兴趣的。

C. 儿童小玩具能启发儿童的智力，一直畅销。

D. 儿童自己不容易看懂玩具的说明书。

【答案】B

【解析】通常情况下，当顾客对某一商品有极大兴趣时，他们往往会更快地下单购买。所以如果选项B的说法为真时，经理的做法无疑会导致销量下跌。

8. 猎狗赶鸡的逻辑悖论

某乡间公路附近经常有鸡群聚集,这些鸡群对这条公路上高速行驶的汽车的安全造成了威胁。为了解决这个问题,当地交通部门计划购入一群猎狗来驱赶鸡群。

以下哪项如果为真,最能对上述计划构成质疑?

A. 出没于公路边的成群猎狗会对交通安全构成威胁。

B. 猎狗在驱赶鸡群时可能伤害鸡群。

C. 猎狗需要经过特殊训练才能够驱赶鸡群。

D. 猎狗可能会有疫病,有必要进行定期检疫。

【答案】A

【解析】之所以要购入猎狗来驱赶鸡群,是因为鸡群在公路附近出没,给高速行驶的汽车造成了安全威胁。如果猎狗同样也会对交通安全构成威胁,那么这个"猎狗赶鸡"计划就毫无意义可言。由此看来,答案为A。

💬 11.3 烧脑的逻辑故事

1. 令人恐惧的动物之谜

众所周知,蝙蝠是一种夜行动物。而雷达定位系统正是根据蝙蝠定位的方式研究和设计出来的。可以说,在这一点上,蝙蝠功不可没。然而有很多人认为蝙蝠是不吉祥的动物,因此很讨厌蝙蝠。有一个动物保护组织尽力改变蝙蝠长期以来"令人恐惧的动物"的形象。该组织辩解说,蝙蝠仅仅因为是只在夜间活动的害羞的动物,便令人恐惧并受到了迫害。

不得不说，美国这一动物保护组织的辩解缺乏说服力。因为浣熊和猫头鹰都是害羞的动物，也常在夜间活动，但它们通常不为人类所恐惧和迫害。不仅如此，浣熊还是人们非常喜欢的一种动物。所以，蝙蝠让人类感到恐惧肯定是有其他原因的。

2. 运动与健康的逻辑关联

入冬以来，小鑫一直处于生病的状态。感冒、发烧、流鼻涕轮番上阵，打针吃药也不见好转。这让小鑫很苦恼，因为身体不舒服让她的学习效率也大大下降。而小鑫的同班同学兼好朋友的小雪，却一次也没有感冒过。原因就在于，小鑫不爱运动，而小雪是一个运动达人。

为了了解运动与健康的关系，M市健康协会做了一项调查。调查结果表明，参加跆拳道运动的人通常比不参加跆拳道运动的人身体更健康。因此，该健康协会得出结论，跆拳道运动有助于增进健康。

小雪为了说服小鑫跟自己一起运动，于是拿出了这份调查报告给小鑫看。小鑫看后说："只有身体健康的人才参加跆拳道运动。"小鑫的这番话无疑推翻了健康协会的结论。从此以后，小鑫更加排斥运动了。

3. 暴力内容与行为的逻辑反思

青少年犯罪一直是社会学家的重点关注对象。为了研究青少年犯罪的原因，社会学家进行了一组实验。

这组实验对两组青少年做了研究。第一组成员每周看暴力影视内容的时间平均不少于10小时，第二组则不多于2小时。结果发现第一组成员中举止粗鲁者所占的比例要远高于第二组。因此，此项研究认为，多看暴力影视内容容易导致青少年举止粗鲁。

然而这位社会学家的结论并不具有说服力。因为不排除一种情况就是，第一组成员中很多成员的粗鲁举止是从小养成的，这使得他们特别爱看暴力影视。所以要减少孩子们的暴力行为，需要父母、老师、社会三方同时发力。

4. 冬冬体重下降的逻辑分析

冬冬已经升入高三。学业上的负担加上高考的压力，使得冬冬的体重不断下降。

对于这一切，冬冬的母亲看在眼里，疼在心里。冬冬母亲对冬冬的父亲说："这学期冬冬的体重明显下降，我看这是因为他的学习负担太重了。"

冬冬父亲回答："冬冬体重下降和学习负担没有关系。医生说冬冬营养不良，我看这是冬冬体重下降的原因。"

冬冬的母亲很不赞同冬冬父亲的话。她接着说："学习负担过重，会引起消化系统紊乱，妨碍对营养的正常吸收。"

由此看来，知子莫若母，冬冬体重下降的原因就是因为学业负担过重。

5. 农户农作物被毁的真相

农户种植了一大片农作物，有小麦、玉米、高粱，等等。农户对这些农作物非常上心，他对这些农作物的关切之情绝不亚于对自己的孩子的关切之情。

可是，这些农作物在进入生长的关键期时，却纷纷死亡了。这对农户来说，无疑是一个晴天霹雳。农户经过一番查探，找到了罪魁祸首——附近的炼铝厂。

农户找到炼铝厂的负责人，说："建在我土地旁边庞大的炼铝厂造成的空气污染杀死了我的农作物。你们必须进行赔偿。"炼铝厂的负责人说："你不应该怪罪炼铝厂。因为我们的研究表明，损害是由于昆虫和细菌造成的。"

农户早就料到炼铝厂不会承认，所以他有备而来，农户接着说："炼铝厂造成的空气污染改变了作物所处环境的生态平衡，使得有益的生物减少了，但有害的昆虫和细菌得以存活。"

农户说完这番话后，炼铝厂不得不为自己不负责任的行为付出代价。与此同时我们不得不赞叹这位农户的睿智。这位农户以严谨的逻辑思维成功反驳了炼铝厂的负责人，维护了自己的利益。

第12章

评价

一个严谨的逻辑推理自然能够得到认可与赞同，同样缺乏逻辑的推理也会遭到批判。不管是认同还是批判，其实都是对逻辑推理的评价，而对逻辑推理的评价又体现了严谨的逻辑思辨能力。对逻辑推理的评价可以从"是否假设""有无他因""对比评价"这几个角度展开。

📑 12.1 从零开始学评价

评价即对一事物起到一个点评的作用。在逻辑学中，如果一个条件能够对整个推论同时起到加强或削弱的作用，那么这个条件就是一个评价。从这一点上来看，评价是支持与削弱的综合。

1. 假设评价

在逻辑推理中，往往有些推论包含着隐藏假设。而评价这个推论主要就是针对其隐藏假设展开，其具体做法通常是评价这个隐藏假设在整个推理中"是否可行"。这种评价就叫作是否假设评价。

2. 他因排除

有时候在逻辑推理中会涉及关于调查结论的推理。这种情况下往往会衍生出这个调查结论是否为唯一解释调查现象的原因的提问，即评价这种调查现象是否有可能是由其他原因导致。这就是有无他因评价。

3. 对比评价

所谓对比评价，即为评价寻找一个比较的标准，通过与这个标准的比较，证明评价是有效的。

12.2 好玩的逻辑题

1. 保存档案

门涅思公司的档案记录被保存成一种只有通过其现在的计算机系统才能进入的格式。这样当系统不能运行时，就得不到这些记录。为了防止因计算机失灵而不能取得它们的记录，门涅思公司计划用一个新系统取代现在的计算机系统，该新系统保存记录的格式可以进入几个不同的系统。

下面哪个问题的答案对评价该计划作为保证取得档案记录的方法是最有利的？

A. 新的计算机系统是否比现在系统要求更少的操作人员？

B. 门涅思公司是否经常以计算机化的形式来保存其档案记录？

C. 门涅思公司计划的新计算机系统能否保证保存记录比现在的系统有更大的安全性？

D. 门涅思公司现在所有的档案记录能否立刻转送到新计算机系统？

【答案】D

【解析】如果门涅思公司不能将现在所有的档案记录立刻转送到新的计算机系统，那么使用新系统就毫无意义可言。所以对于选项D的回答是符合题意的有效评价。

2. 超市监控的防盗策略

一家超市常常发现有顾客偷拿商品不付款，从而影响该超市的盈利。于是该超市管理层痛下决心，在该超市安装监控设备，并且增加导购员人数，由此来提高该超市的利润率。

下面哪一项对于该超市管理层做决定最为重要？

A. 该超市商品的进价与售价之比。

B. 该超市每天卖出的商品的数量和价格。

C. 每天到该超市购物的顾客人数和消费水平。

D. 该超市因顾客偷拿商品所造成的损失，与运行监控设备、增加导购员的花费相比较。

【答案】D

【解析】根据常识可以知道，超市管理层的任何决定都是为了超市能够最大程度盈利。如果顾客偷拿的东西所造成的损失远不及安装监控设备和增加导购的成本，那么管理层的这个决定并非一个明确决定。由此得出答案为D。

3. 图书馆收益计算

大学图书馆员说："直到三年前，校外人员还能免费使用图书馆，后来因经费减少，校外人员每年需付100元才能使用我馆。但是，仍然有150个校外人员没有付钱。因此，如果我们雇用一名保安去辨别校外人员，并保证所有校外人员均按要求缴费，图书馆的收益将增加。"

要判断图书馆员的话是否正确，必须首先知道下列哪一项？

A. 每年使用图书馆的校内人员数。

B. 今年图书馆的费用预算是多少。

C. 图书馆是否安装了电脑查询系统。

D. 雇用一名保安一年的开支是多少？

【答案】D

【解析】图书馆员认为雇用一名保安能够增加图书馆的收益。如果雇用一名保安一年所需的开支超过了校外人员的缴费数，那么图书馆员的话是错误的。反之，图书馆员的话则是对的。所以要判断图书馆员的话，首先要知道选项D的内容。

💬 12.3 烧脑的逻辑故事

1. 林教授的偏心之谜

学院领导最近接到了好几位同学的投诉，而他们投诉的内容都是关于林教授太偏心，在考试成绩给分上不公平。学生们说："林教授总是把满分给同乡的学生。例如，上学期他教的班上只有张贝贝和李元元得了满分，她们都是同乡的学生。"

为了了解事情真相，学院领导对林教授所给满分的同学的籍贯进行了调查。如果林教授所给满分的同学中全都是同乡学生，那么学生的结论为真。否则学生的结论为假。

也就是说，关于"林教授所给满分的学生中是否曾有非同乡的学生"的提问是对学生论述的有效评价，这也属于对比评价。

2. 禁酒的争议

毫无疑问，未成年人饮酒应当加以禁止。然而，我们不能为了防止未成年人饮酒而全面禁止酒吧的营业。这样的禁令虽然有效地阻止了未成年人饮酒，却也会影响到大多数成年人，限制了他们的合法权益。

以上论证固然有道理，但是如果成年人基本不在酒吧饮酒，而是选择其他地方购买酒品，那么全面禁止酒吧营业对成年人的饮酒行为几乎没有任何影响。因此，这一论证并不成立。

所以，为了对上述论证做出评价，最为关键的问题是：全面禁止酒吧营业对成年人的饮酒行为造成的不便究竟有多大？

第13章

解释

　　逻辑推理有时针对一个现象展开，有时针对一个矛盾问题进行。为了让逻辑推理能够被大众理解、接受、认同，就需要对这些现象、矛盾进行解释说明。经过解释后，逻辑推理成立了，推出的结论更具说服力。很多情况下，甚至三言两语就能化干戈为玉帛。所以能用语言解决的问题，就不要借助暴力。

🗨 13.1　从零开始学解释

通过对前面章节的阅读，大家已经知道，对于一个逻辑推论，可以对它加强，可以将它削弱，还能对它进行评价。其实除此之外，还能对它进行解释。也就是说，当逻辑推理中出现一些事实或客观描述时，需要对这些现象、事实、结论、矛盾等做出解释，以证明整个推论是正确的。

1. 现象解释

当逻辑推理中出现事实或现象的客观描述时，大家需要找出一个解释事实或现象发生的原因，以证明结论能够成立或说明现象为什么发生。这就是解释现象。

2. 矛盾解释

有时候在逻辑推理中会出现一些矛盾现象或者两种截然相反的情况。而说明这个矛盾为什么会发生的条件，或者区分两种截然相反的情况的条件即为解释矛盾。

白天和黑夜。

这是一对截然相反的概念，而对这对概念的解释就是解释矛盾。

解释矛盾的一般步骤是：阅读推理，找出明显的矛盾；用自己的话复述这些矛盾；用排除法排除那些超出范围的内容。

💬 13.2　好玩的逻辑题

1. 油价上涨

由于石油价格上涨，政府上调了汽油等成品油的销售价格，这导致出租车运营成本增加，司机收入减少。调查显示，M市95%以上的出租车司机反对出租车价上涨，因为涨价将导致乘客减少，但反对涨价并不意味着他们愿意降低收入。

以下哪项如果为真，能够解释M市出租车司机的这种看似矛盾的态度？

A. 出租车司机希望减少向出租车公司缴纳的月租金，由此规避油价上涨的影响。

B. 调查显示，所有的消费者都反对出租车涨价。

C. 北京市公交车的月票价格上调了，但普通车票的价格保持不变。

D. 出租车涨价使得油价上升的成本全部由消费者承担。

【答案】A

【解析】本题考查了因果联系。

首先，分析题干信息。在油价上涨的大前提下，出租车司机反对涨价，是因为那样会导致乘客减少，因此他们是反对让乘客承担油价上涨成本的；同时他们又不愿意自己降低收入，也就是不愿意自己承担油价上涨的成本，这就是与题干矛盾的地方，既不想自己承担、也不想让乘客承担。因此，我们只要找到能够同时满足这些条件的选项即可。

接着，分析各个选项。对于A，出租车司机希望减少向出租车公司缴纳的资金来消除油价上涨的影响，显然，这样做的话既不用承担涨价后乘客减少的后果，也不用降低自己的收入，完全满足上述要求，因此是能够解释出租车司机矛盾态度的。而对于B、C和D选项，均不满足上面的要求，因此无法用来

解释出租车司机的矛盾态度。

2. 失败的营销活动

《都市青年报》准备在5月4日青年节的时候推出一种订报有奖的营销活动。如果你在5月4日到6月1日之间订了下半年的《都市青年报》的话，你就可以免费获赠下半年的《都市广播电视导报》。推出这个活动之后，报社每天都在统计新订户的情况，结果非常令人失望。

以下哪项如果为真，最能够解释这项促销活动没能成功的原因？

A. 根据邮局发行部门的统计，《都市广播电视导报》不是一份十分有吸引力的报纸。

B. 根据一项调查的结果，《都市青年报》的订户中有些已经同时订了《都市广播电视导报》。

C.《都市广播电视导报》的发行渠道很广，据统计，订户比《都市青年报》的还要多1倍。

D.《都市青年报》没有考虑很多人的订阅习惯，大多数报刊订户在去年底已经订了今年一年的《都市广播电视导报》。

【答案】D

【解析】纵观这四个选项，它们都有可能是这项促销活动没能成功的原因。但是，如果大多数订户已经订购了《都市广播电视导报》，毫无疑问这项促销活动就无法吸引订户。所以，选项D最能解释这项促销活动失败的原因。

3. 棕榈树产量下降的原因探寻

棕榈树在亚洲是一种外来树种。长期以来，它一直靠手工授粉。因此棕榈果的生产率极低。1994年，一种能有效地对棕榈花进行授粉的象鼻虫被引进了亚洲，使得当年的棕榈果生产率显著提高，在有的地方甚至提高了50%以上。但是，到了1998年年初，棕榈果的生产率却大幅度降低。

以下哪项如果为真，最有助于解释上述现象？

A. 在1994—1998年期间，随着棕榈果产量的增加，棕榈果的价格在不断下降。

B. 1998年秋季，亚洲的棕榈树林区开始出现象鼻虫的天敌赤蜂。

C. 在亚洲，象鼻虫的数量在1998年比1994年增加了一倍。

D. 果实产量连年不断上升会导致孕育果实的雌花无法从树木中汲取必要的营养。

【答案】D

【解析】棕榈果的价格与其生产率并无必然联系，A项不选。B项中的时间定位在秋季，而题干中提到的时间在年初，因此不选。如果象鼻虫的数量增加，棕榈果的生产率应该提高，而非降低，排除C项。由此看来，选项D为正确答案。如果雌花无法汲取到必要营养，那么授粉成功率定会大大降低，棕榈果的产量也就自然降低了。

💬 13.3 烧脑的逻辑故事

1. 皇帝是老头子

话说清朝有一位官员，有一次在书房迎接了皇上，等皇上走后，便问身边的仆人："老头子走远了吗？"哪知这个时候，皇上并未走远，并且隐约听到了这位官员的话。皇帝心中不悦，便又回到了书房，责问这位官员刚刚说的是什么。这位官员感觉形势不妙，急中生智，便赶紧跪在地上，对皇帝慢慢地解释道："皇上息怒，奴才之所以这么叫您，完全是出于对您的尊敬。皇上

万寿无疆，这称为'老'；皇上顶天立地，这称为'头'；皇上贵为天子，这称为'子'。正是因为这三样，所以那么称呼您也是合乎情理的。还请皇上恕罪！"皇上一听这话，心里的气也消了，便离开了，在旁的仆人也是吓出来一身冷汗。

在这个故事中，这位官员称皇上为"老头子"，这是一个直言命题。皇上隐约听到了这个不敬的称谓肯定会不高兴。之后，这位官员又巧妙地用了三个直言命题来解释"老头子"这个称谓：万寿无疆就是"老"，顶天立地就是"头"，贵为天子就是"子"。这三个解释让皇帝消了气，也为自己避免了祸端。

2. 神是不存在的

古希腊哲学家伊壁鸠鲁是无神论者，他曾经用一个三难推理来反驳"神是存在的"这个观点。伊壁鸠鲁对有神论者说道："按照我们应该承认，神是愿意但没有能力除掉世间的丑恶；或有能力而不愿除掉世间的丑恶；或是既有能力而又愿意除掉世间的丑恶。如果神愿意、而没能力除掉的世间的丑恶，那么，它就不算是万能的，而这种无能为力，是和神的定义中的性质相矛盾的。如果神有能力而不愿意除掉的世间的丑恶，那么，这就证明了神的恶意，而这种恶意也同样是和神的定义中的性质相矛盾的。如果神愿意而且有能力除掉的世间的丑恶，也就是神是符合你们的定义的，那么，为什么在这种情况下世间还有丑恶呢？"

在上面这个反驳过程中，伊壁鸠鲁用一个三难推理概括尽了一切关于神的解释的可能性，而且每种可能得到的都是同一个结论：你们眼中的神根本不存在。对于这样的反驳过程，那些有神论者只能是无话可说了。

3. 读书人数减少的社会现象分析

一项调查显示，国民图书阅读率连续6年走低。2005年的国民图书阅读率首次低于50%，与此同时社会大众的学习热情却持续高涨。

国民图书阅读率持续走低，而社会大众的学习热情高涨。这显然是一对矛盾的概念。因此对这个现象的解释就是解释矛盾。

为了解释这个矛盾现象，有人找出了一组数据，即国民网上阅读率由1999年的3.7%增长到2005年的27.8%。这也就是说，大多数人选择了网上阅读而非阅读纸质书籍。这也就有力地解释了上述矛盾现象。

4. 学习成绩排名统计的科学方法

一项对东华大学企业管理系某届毕业生的调查结果看来有些问题。因为当被调查毕业生被问及其在校时学习成绩的名次时，统计资料表明有60%的回答者说他们的成绩位居班级的前20%。

显然这是不可能的。但是调查者排除了回答者说假话的可能。那么到底是什么原因导致了上述现象呢？

原来，成绩较差的毕业生在被访问时一般没有回答这个有关学习成绩名次的问题。有了这个原因，就能解释上述矛盾现象了。因为并不是所有同学都回答了有关学习成绩排名的问题。

ABC

第14章

推论

　　有人会说，逻辑推理不就是推论吗？没错，逻辑推理是广义上的推论。其实从狭义上来看，将推论进行细分的话，又能分为推出结论、确定论点和继续推理三种类型。在考试当中，针对每一种推理类型都会有相应的题型。学习这些推论类型将有助于你在考场上如鱼得水，在日常交际中占据上风。

14.1 从零开始学推论

通过对以上章节的阅读，大家可以知道，假设、支持、削弱、评价所面临的推理是有待验证的。而推论面对的推理是一定成立的。所以推论是根据一个真实的前提或结果推出另一个前提或结果的过程。

1. 结论推出

当一个逻辑推理题列举了一堆事实或给出一段描述性的文字时，这种情况下往往需要读者从中得出一个结论。这就是所谓的推出结论。

2. 确定论点

如果一个逻辑推理给出的是一段论述，那么，则会要求读者根据论述确定一个中心或者找出主要观点。这就是推论中的确定论点。

3. 继续推理

所谓继续推理，即在已给出的推理过程的基础之上再进行推理。也就是说以给出的推理为前提，继而推出一个结果。在遇到继续推理时，要注意限定范围和收敛思维。

📖 14.2 好玩的逻辑题

1. 朋友如粪土

我国著名逻辑学家金岳霖小时候听到"金钱如粪土""朋友值千金"这样两句话后，发现有逻辑问题，因为它们可推出"朋友如粪土"的荒唐结论。

既然"朋友如粪土"这个结论不成立，于是从逻辑上可以推出：

A. "金钱如粪土"这一说法是假的。

B. 如果朋友确实值千金，那么金钱并非如粪土。

C. "朋友值千金"这一说法不是真的。

D. "金钱如粪土""朋友值千金"这两句话或者都真，或者都假。

【答案】B

【解析】本题考查了三段论推理等。

显然，已知"金钱如粪土"和"朋友值千金"，得到"朋友如粪土"，这是一个三段论推理。要使结论不成立，则至少有一个前提不成立，即"或者金钱并非如粪土，或者朋友并不值千金"，这是一个相容选言命题。这时候便可以排除选项D，因为它包含两个命题均为真的情况。

如果选言命题为真，那么命题p和q当中至少有一个真命题。因此得到，若其中一个为假，那么另一个必定为真。显然，B选项是符合的。但是我们无法具体地判断其中某一个命题的真假，因此A和C都是无法推出的。

2. 开哪个阀门

一个热力站有5个阀门控制对外送蒸汽。使用这些阀门必须遵守以下操作规则：

① 如果开启1号阀，那么必须同时开启2号阀并且关闭5号阀；

② 如果开启2号阀或者5号阀，则要关闭4号阀；

③ 不能同时关闭3号阀和4号阀。

现在要打开1号阀，同时要打开的阀门是哪两个？

A. 2号阀和3号阀。

B. 2号阀和4号阀。

C. 3号阀和5号阀。

D. 4号阀和5号阀。

【答案】A

【解析】根据1号阀打开这个前提，由前提①可以直接得到2号阀是打开的。根据2号阀打开这个前提，结合前提②便可以得到4号阀是关闭的。最后，根据4号阀关闭和③这两个前提便可以得到3号阀是打开的。综合可以得到：只有2号阀和3号阀是同时要打开的。

3. 谷物减产的原因

W病毒是一种严重危害谷物生长的病毒，每年要造成谷物的大量减产。W病毒分为三种：W1、W2、W3。科学家们发现，把一种从W1中提取的基因，植入易受感染的谷物基因中，可以使该谷物产生对W1的抗体。这样处理的谷物会在W2和W3中，同时产生对其中一种病毒的抗体，但严重减弱对另一种病毒的抵抗力。科学家证实，这种方法能大大减少谷物因W病毒危害造成的损失。

从上述断定最可能得出以下哪项结论？

A. 在三种W病毒中，不存在一种病毒，其对谷物的危害性，比其余两种病毒的危害性加在一起还大。

B. 在W2和W3两种病毒中，不存在一种病毒，其对谷物的危害性，比其余两种W病毒的危害性加在一起还大。

C. W1对谷物的危害性，比W2和W3的危害性加在一起还大。

D. W2和W3对谷物具有相同的危害性。

【答案】B

【解析】科学家已经证实了这种方法能大大减少谷物因W病毒危害造成的损失。那就说明，W2、W3这两种病毒中任何一种病毒对谷物的危害，不会比其余两种病毒对谷物的危害大。也只有在这种情况下，科学家的结论才会是正确的。所以选项B是正确的。

4. 动物保护的逻辑呼吁

环境学家特别关注保护濒临灭绝的动物的高昂费用，提出应通过评估各种濒临灭绝的动物对人类的价值，以决定保护哪些动物。此法实际不可行。因为，预言一种动物未来的价值是不可能的，评价对人类现在做出间接但很重要贡献的动物的价值也是不可能的。

作者的主要论点是什么？

A. 保护没有价值的濒临灭绝的动物比保护有潜在价值的动物更重要。

B. 尽管保护所有濒临灭绝的动物是必需的，但在经济上是不可行的。

C. 由于判断动物对人类价值高低的方法并不完善，在此基础上做出的决定也不可靠。

D. 保护对人类有直接价值的动物远比保护有间接价值的动物重要。

【答案】C

【解析】从这道题的提问方式可以知道，这是一道"确定论点"的题型。通过分析作者的一系列论述，能够得出作者的主要观点是，评估濒临灭绝动物的价值的方法是不可行也不可靠的。而符合这个意思的只有选项C。

5. 电池驱动电动车的环保优势

有人认为用电池驱动的电动车是解决未来空气污染问题的一个潜在方案，但他们忽略了电池是要充电的，而且我们目前的大多数电力都是通过燃烧有机燃料产生的。使用的电动车越多，就需要建越多的电厂。即使所有的汽车都被电动车替代，也不过是由一种燃料替代另一种燃料而已。

上述议论的主要论点是什么？

A. 用电池驱动的车替代汽车需要建立更多的电厂。

B. 除非人们少开车；否则，明显地减少空气污染是不可能的。

C. 在使用中，用电池驱动的电动车也会造成空气污染。

D. 用电动车替代汽车不是解决汽车造成空气污染的有效方案。

【答案】D

【解析】在上述议论中，论述者首先指出有人认为可以用电动车来解决空气污染问题。然后论述者论证这种"认为"是不可行的。换句话说，论述者主要在议论用电动车替代汽车不是解决汽车造成空气污染的有效方案。从这个提问中就能看出，这道题涉及的是推论中的确定论点。

6. 损害利益的社会审判逻辑

一旦一个人行为的任何部分损害和影响到了他人利益，社会就对其有审判权。对这种行为的干涉是否能提高总体福利成为一个公开讨论的问题。假如一个人的行为没有损害他人利益，那么就不应该对其进行社会审判。

作者在上文中主张：

A. 社会是不依赖于个人行为的。

B. 当一个人的行为对他人有利时，一个社会的总体福利被提高。

C. 没有损害他人利益的行为不应当受到社会审判。

D. 对个人行为的干涉没有提高总体福利。

【答案】C

【解析】显然在以上整个议论中，作者都是在围绕着是否损害他人利益，以及是否要进行社会审判展开。然而从作者的只言片语中，能够看出作者主张当一个人的行为没有损害他人利益时，就不应该对其进行社会审判。所以答案为C项。在确定论点时，一定要从题干出发，紧扣题干，从题干中挖掘主要观点。

7. 宇宙最轻元素的科学探索

早期宇宙中含有最轻的元素：氢和氧。像碳这样比较重的元素只有在恒星的核反应中才能形成并且在恒星爆炸时扩散。最近发现的一个星云中含有几十亿年前形成的碳，当时宇宙的年龄不超过15亿年。

以上陈述如果为真，以下哪项必定为真？

A. 最早的恒星中只含有氢。

B. 在宇宙年龄还不到15亿年时，有些恒星已经形成了。

C. 这个星云中也含有氢和氦。

D. 这个星云中的碳后来构成了某些恒星中的一部分。

【答案】B

【解析】这道题要求大家在已给出的推理基础之上再进行推理，因此它是一道"继续推理"类型的题。解答这种题必须紧扣已给出的条件和结论进行。由于已经在不超过15亿年的宇宙中发现了几十亿年前的碳元素，碳元素又只有在恒星的核反应中才能形成，这说明有些恒星形成的时候，宇宙年龄还不到15亿年。

8. 销售部五人背景的深度剖析

某公司的销售部有五名工作人员。其中有两名本科专业是市场营销，两名本科专业是计算机，有一名本科专业是物理学。又知道五人中有两名女士，她们的本科专业背景不同。

根据上文所述，以下哪项论断最可能为真？

A. 该销售部有两名男士是来自不同本科专业的。

B. 该销售部的一名女士一定是计算机本科专业毕业的。

C. 该销售部三名男士来自不同的本科专业，女士也来自不同的本科专业。

D. 该销售部至多有一名男士是市场营销专业毕业的。

【答案】A

【解析】由题意可得出如下推理结果，当两名女士分别为市场营销和计算机专业时，那么三位男士分别为市场营销、计算机和物理学专业；如果两名女士的本科专业背景分别为市场营销和物理学时，那么三名男士中有两名本科专业背景为计算机，一名为市场营销；假如两名女士分别是计算机和物理学专业时，那么三名男士中有两名是市场营销专业，一名是计算机专业。综合这三种情况，可得出有两名男士一定来自不同的专业，因此A项论断最可能为真。

💬 14.3 烧脑的逻辑故事

1. 天堂还是地狱

一天，国王和阿凡提闲谈，国王问道："依你看，我死后，灵魂是上天堂还是下地狱呢？"

阿凡提便说："陛下,我早就为您算好了,你的灵魂一定下地狱。"国王气得火冒三丈,骂阿凡提胡说。于是,阿凡提接着解释道："陛下,您别生气!之所以我这么说,是因为您把上天堂的人杀得太多了,天堂已经住满了,再也容纳不下你啦!"

在这个故事中,阿凡提是利用了一个选言命题的推理形式。因为国王死后要么是去天堂,要么是去地狱,但是国王已经不能去天堂了,所以国王只能去地狱。这个推理过程巧妙地解释了"国王死后去地狱"的结论,也讽刺了国王滥杀好人。

2. 商鞅待魏

商鞅的原名叫公孙鞅,在年轻时就喜欢法家之术,侍奉魏国的丞相公叔座做了门客。公叔座知道他贤能,但还没来得及向魏惠王推荐他,公叔座就得了重病。魏惠王便亲自去看望公叔座,并且寻求他的建议："你的病倘有不测,国家将怎么办呢?"公叔座便回答说："我的门客公孙鞅,虽然年轻,却有奇才,希望大王能把国政全部交给他,由他去治理。"魏惠王听后默默无言。

当魏惠王将要离开时,公叔座屏退左右随侍人员,说："大王假如不任用公孙鞅,就一定要杀掉他,不要让他走出国境。"魏惠王答应了他的要求就离去了。接着,公叔座又召来公孙鞅,对他道歉说："刚才大王询问有没有能够出任丞相的人,我推荐了你。看大王的神情不会同意我的建议。我应当先做一个忠于君的臣子后再考虑自己的事情,因而劝大王,假如不任用你,就该杀掉你。大王答应了我的请求。现在,请你赶快离开吧,不快走马上就要被擒。"

公孙鞅听完公叔座的这番话,便说："大王既然不能听您的话任用我,又怎么能听您的话来杀我呢?"终于没有离开魏国。魏惠王离开后,对随侍人

员说："公叔座的病很严重，真叫人伤心啊，他想要我把国政全部交给公孙鞅掌管，难道不是糊涂了吗？"

在这个故事中，公孙鞅为什么能准确地推断出魏惠王不会杀他呢？正是利用了假言三段论才得到的这个结论：如果魏惠王没有重用我，就说明魏惠王不听你的建议；如果魏惠王不听你的建议，就不会杀我。因此，如果魏惠王没有重用我，那么也不会杀我。公孙鞅通过这个假言三段论的推理，推翻了公叔座"魏惠王没有重用你，就会杀了你"的论断。

3. 广告与记忆的关联分析

小叶就职于一家广告公司。在岗前培训时，培训师说："广告业的自明之理之一是，为了促进销售，它很少有必要在一个广告中阐述某种产品的实质；相反，它只要吸引住潜在顾客的注意就够了。让人们记住一种产品会促进销售，因为对销售者来讲，让人们知道一种商品比了解一种商品重要得多。"

小叶听了培训师的话后，表示并不赞同。因为小叶认为培训师的观点是建立在"人们能够在没有很多信息的情况下，记住一种产品"这个假设条件之上的。

如果这个假设不成立的话，那么培训师的观点将要被推翻。的确，培训师的推论属于假设推论，并且这个假设的真实性有待验证，所以他的观点得不到小叶的认可。

4. 超轻型飞机实验

南方航空公司最近新购进了一批超轻型飞机。在试驾的过程中，经验丰富的老飞行员比新手碰到更多的麻烦。因为有经验的飞行员已经习惯了驾驶重型飞机。当他们驾驶超轻型飞机时，总是会忘记驾驶要则的提示而忽视风速的影响。

试驾结束后，那些经验丰富的飞行员感叹："还是重型飞机比超轻型飞机在风中更易于驾驶。"

为什么这些飞行员会有这样的感叹呢？与他们在试驾超轻型飞机的过程相比较，他们驾驶重型飞机时受到风速的影响很小，因此更易于驾驶。这属于典型的对比推论，通过与超轻型飞机的比较，得出重型飞机的驾驶优势。

5. 知名度与广告宣传的逻辑关联

你以为只有电视广告才能宣传产品吗？在青崖山区，商品通过无线广播电台进行密集的广告宣传，迅速获得最大程度的知名度。

所以，在青崖山区，某一商品为了迅速获得最大程度的知名度，除了通过无线广播电台进行密集的广告宣传外，不需要利用其他宣传工具做广告。

是的，题干中已经明确表示青崖山区中的商品通过无线广播电台的密集宣传，就能迅速获得最大程度的知名度。因此，青崖山区中的商品不用花额外的钱借助其他工具宣传，只需专注于广播宣传就能达到宣传目的。由题干中已有的条件继而推出结论，这是推论中的继续推理。

6. 人均寿命世界第一的健康奥秘

20世纪60年代初以来，X国人均预期寿命不断上升，到21世纪已成为世界之最。与此同时，由于饮食中的高脂肪含量，X国人的心血管疾病的发病率也逐年上升。

根据这个论述，有人得出结论，20世纪60年代造成X国人死亡的那些主要疾病，到21世纪，如果在该国的发病率没有实质性的降低，那么对这些疾病的医治水平一定有实质性的提高。

尽管X国的人均预期寿命不断上升，但是X国的人的心血管疾病的发病率也在逐年上升。这似乎是一对矛盾的概念，其实不然。如果X国的医疗水平上升，其中对心血管疾病的治疗水平更是有了实质性的提高，那么，就不难将这个矛盾解释清楚。因此这个结论的得出是合情合理，符合逻辑要求的。

7. 超时工作导致失眠症

过度工作和压力都会不可避免地导致失眠症。森达公司的所有管理人员都有压力。尽管医生反复提出警告，但大多数的管理人员每周仍然工作超过60小时，而其余的管理人员每周仅工作40小时。只有每周工作超过40小时的员工才能得到一定的奖金。

根据以上论述能够得出一个结论，即大多数得到一定奖金的森达公司管理人员患有失眠症。

因为从题干中的条件可以知道，只有每周工作超过40小时才能得到奖金。而工作超过40小时即为过度工作，过度工作则会导致失眠。由此，结论得以成立。这种呈现出自上而下的特点的推理也叫推论支持。

第15章

比较

前面讲到的逻辑推理的应用都是针对其单个的逻辑推理而言。当面对两个及以上的逻辑推理同时出现时，除了要对它们进行支持、削弱、解释、评价外，还会涉及对它们进行比较。在逻辑学中，比较主要是从结构平行和方法相似两个角度进行。通过比较能够得出谁对谁错，也能更快地找出同一类型的逻辑推理。

15.1　从零开始学比较

在逻辑学中，一个完整的逻辑推理通常由前提与结论构成。而比较则是通过对几个不同的逻辑推理的前提或结论的分析，从而找出它们的相同点或区别的方法。

1. 结构平行

所谓结构平行，这其实是为比较提供了一种具体的思路。也就是说，当比较几个逻辑推理时，找出其中一个为基准，然后将其他的逻辑推理与这个基准的结构进行比较。

2. 方法相似

方法相似是我们在比较时经常应用的一种思路。尤其是在面对选择题时，只需在选项中找出与题干中推理方法相似的一项即可，至于论证内容的真实与否可以忽略。

15.2　好玩的逻辑题

1. 野鸭子吃什么

小光和小明是一对孪生兄弟，刚上小学一年级。有一次，爸爸带他们去水库游玩，看到了野鸭子。小光就说："野鸭子吃小鱼。"接着小明说："野鸭子吃小虾。"哥俩说着说着就争论起来，非要爸爸给评评理。爸爸知道他们俩说得都不错，但没有直接回答他们的问题，而是用例子来进行比喻。说完后，哥俩都服气了。以下哪项最可能是爸爸讲给儿子们的话？

A. 一个人的爱好是会变化的，爸爸小时候很爱吃糖，你奶奶管也管不住。现在，你让我吃我都不吃。

B. 什么事儿都有两面性。咱们家养了猫，耗子就没了。但是，如果猫身上长了跳蚤也是很讨厌的。

C. 动物有时也通人性。有时主人喂它某种饲料，它们吃得很好，若是陌生人喂，怎么也不吃。

D. 你们兄弟俩的爱好几乎一样，只是对饮料的爱好不同。一个喜欢可乐，一个喜欢雪碧。你妈妈就不在乎，可乐、雪碧都行。

【答案】D

【解析】本题考查了类比推理的形式。

首先，可以分析题干信息。我们先分析小光和小明得出结论的过程，对于小光说的"野鸭子吃小鱼"和小明说的"野鸭子吃小虾"，他们说的话都是片面的，也就是，可能野鸭子只吃小鱼，可能小鸭子只吃小虾，甚至也可能是野鸭子既吃小鱼又吃小虾。小光和小明都只是看到了野鸭子的某一种行为，从而得出片面的结论，虽然这两者并不是互相矛盾，但是他们各执一词，并且因此争执不休。

然后，分析下面四个选项。可以发现只有在D选项中，爸爸运用了类比推理的方法，用他们两人一个喜欢喝可乐，一个喜欢喝雪碧，而妈妈既喝可乐又喝雪碧这样的例子与这两兄弟说的进行类比，从而得出了一个群体之中不同的个体也可能有不同的饮食方面的偏好。这样的推理过程显得形象和生动，因此这哥俩最终都服气了。

类比推理至少要是有共同点的，要说明类比推理不成立，就要尽可能地

说明两个事物之间的不同点。再看其他三个选项，选项A同样是想用类比推理的方式，但仅仅是说明了小孩和大人之间偏好的差别，而且题干中并未涉及小鸭子和大鸭子。选项B同样想用类比推理的方式，但是只能说明事物具有两面性，然而，题干中吃小鱼和吃小虾之间并不是矛盾的，并不代表一个事物的两面。而选项C，仅仅是说明不同的喂食方式会对动物进食产生影响，和题干中提到的野鸭子的信息毫无关联。

2. 抗害虫农作物

电冰箱的问世引起了冰市场的衰落，人们以前用冰来保鲜食物，现在电冰箱替代了冰的作用。同样道理，由于生物工程的成果，研究出能抵抗害虫的农作物，则会引起什么后果？

A. 化学农药的需求减少。

B. 增加种子成本。

C. 增加农作物的产量。

D. 农田的价值下降。

【答案】A

【解析】本题考查了类比推理的结论。

首先，分析题干信息。题干就是一个类比推理。将电冰箱的问世引起冰市场的衰落和抗害虫农作物进行类比，并且这里面还有一个必然的联系，电冰箱能够替代冰的作用。

然后，分析各个选项。对于A选项，化学农药也有抵抗害虫的功效的，抗害虫农作物能够替代化学农药的使用，结合上述类比，从而可以得到结论：抗害虫农作物问世后，化学农药的需求减少。对于B、C、D选项，均没有提到和抗害虫农作物具有同等功效的事物，都是无关选项。综合起来，正确答案为A。

3. 鸡蛋孵化小鸡的生命奇迹

只有在适当的温度下，鸡蛋才能孵出小鸡来。现在，鸡蛋已经孵出了小鸡，可见温度是适当的。

下述哪个推理结构与上述推理在形式上是相同的?

A. 如果物体间发生摩擦，那么物体就会生热。物体间已经发生了摩擦，所以物体必然要生热。

B. 只有年满18岁的公民，才有选举权。赵某已有选举权，他一定年满18岁了。

C. 公民都有劳动的权利。张明是公民，因此，他有劳动的权利。

D. 法律规定：致人重伤的处三年以上七年以下有期徒刑。被告已致人重伤，因此，他应处三年以上七年以下的有期徒刑。

【答案】B

【解析】这是一个关于结构平行的比较，因此首先需要分析题干中的结构。题干中的结构是，只有温度适宜，才能孵出小鸡。已经孵出小鸡，所以温度适宜。

分析四个选项中的推理结构，能够得出选项B中的推理结构与题干的结构一致。因为选项B的推理结构也是"只有……才……""已经……所以……"。

4. 没法选修的逻辑课困境

要选修数理逻辑课，必须已修普通逻辑课，并对数学感兴趣。有些学生虽然对数学感兴趣，但并没修过普通逻辑课。因此，有些对数学感兴趣的学生不能选修数理逻辑课。

以下哪项的逻辑结构与题干的最为类似?

A. 据学校规定，要获得本年度的特设奖学金，必须来自贫困地区，并且成绩优秀。有些本年度特设奖学金的获得者成绩优秀，但并非来自贫困地区。因此，学校评选本年度奖学金的规定并没有得到很好的执行。

B. 一本书要畅销，必须既有可读性，又经过精心的包装。有些畅销书可读性并不大，因此，有些畅销书主要是靠包装。

C. 任何缺乏经常保养的汽车使用了几年之后都需要维修，有些汽车用了很长时间以后还不需要维修。因此，有些汽车经常得到保养。

D. 为初学的骑士训练的马必须强健而且温驯，有些马强健但并不温驯。因此，有些强健的马并不适合于初学的骑手。

【答案】D

【解析】首先分析题干的逻辑结构，可以得出其逻辑结构为：如果P，则Q且M。M且非Q，所以，M且非P。

分析四个选项中的逻辑结构，可知选项D的逻辑结构与之最为相似。因为D中的逻辑结构为：如果是为初学的骑士训练的马，则需要强健且温驯。有些马强健但是不温驯，所以有些强健的马并不适合于初学的骑手。

15.3 烧脑的逻辑故事

1. 邹忌讽齐王纳谏

春秋时期，齐国有个大夫叫做邹忌。邹忌是一个美男子。有一天早上，邹忌在照镜子的时候，问他的妻子："我与城北的徐公，谁长得更英俊呢？"他的妻子便回答："徐公怎么能比得上你呢？"然后又问了自己的妾，妾也说徐公比不上他。这时候，邹忌家里来了客人，邹忌又问了客人，客人也笑着回答说："当然是邹忌兄你了！"

邹忌知道城北的徐公，那是齐国公认的第一美男，不敢相信自己一定长得比徐公好看。在客人离开后，便去了徐公家里，准备瞧瞧徐公的真容。一见到徐公，邹忌便觉得自己在长相上远远比不上他。邹忌回到家后，便思考着这些事，懂得了许多道理。

第二天，邹忌入朝拜见齐威王，对齐威王说了自己昨天的经历，说道："我确实知道自己的长相不如徐公。可是我的妻子偏爱我，我的妾畏惧我，我的客人有事情想要求助于我，他们都认为我的长相比徐公漂亮。现在齐国土地方圆千里，有一百二十座城池，宫中的王后嫔妃和亲信侍从，没有谁不偏爱大王的；朝廷中的大臣，没有谁不害怕大王的；在国家中的人，没有谁不有求于大王。由此看来，大王受的蒙蔽太厉害了。"

齐威王听完邹忌的这番话，于是发布进谏有赏的命令，鼓励群臣百姓来指出朝廷的错误。命令下达后，果然取得了很好的效果，朝廷的许多弊端都得到了及时的发现，齐国的国势蒸蒸日上，周围的国家都来齐国朝拜。

上述这个故事就是大家所熟知的"邹忌讽齐王纳谏"的典故。在这个故事中，邹忌在对齐王进言时巧妙地结合了自己的亲身经历，采用了类比推理的思想，将自己被身边的妻、妾和宾客蒙蔽，和齐威王身边的大臣、后妃侍从和百姓进行了比较，从而得出了齐威王被蒙蔽的结论，进一步谏言齐威王广开言路。正是这种类比推理的方法在说服的时候简单形象，又不令人生厌，最终，邹忌的谏言被齐威王理解，并且欣然采纳。

2. 空杯论禅道

南隐是日本明治维新时期著名的禅师。有一天，有位大学教授特地来向南隐问禅，南隐却只是对这位远道而来的教授以茶相待，一直没有向教授开口说禅。只见他将茶水倒入这位教授的杯子，很快，杯子就满了。可是，南隐还

是接着往教授杯子中倒水。

这位教授在旁边眼睁睁地看着自己杯子中的茶水不断往外面溢了出来，弄得满桌子都是。教授觉得禅师没有停止倒水的意思，觉得自己不能再沉默下去了，便对禅师说道："水都已经溢出来了，不要再倒了！"

禅师听到教授这么一说，一边收起了茶壶，一边对教授说道："你就像这只杯子一样，里面装满了你自己的看法和想法。你不先把你自己的杯子空掉，叫我如何对你说禅？"教授听到禅师这么一说，顿时觉得愧疚，毕恭毕敬地坐着，准备听南隐说禅。

在这个故事中，南隐也是使用了类比推理的方法，将一个人听禅和一只茶杯装茶水进行了类比。因为茶杯必须空了才能继续倒水进去，所以人也必须放空自己的思想才能接受新的思想。南隐的这个类比推理的过程，形象生动地告诉了教授听禅前要放空自己的思想。

3. 降雨与飓风的逻辑关联

威胁美国大陆的飓风是由非洲西海岸高气压的触发而形成的。每当在撒哈拉沙漠以南的地区有大量的降雨之后，美国大陆就会受到特别频繁的飓风袭击。所以，大量的降雨一定是提升气流的压力而构成飓风的原因。

这个论证存在缺陷，然而依然有与之类似的论证。比如，许多后来成为企业家的人，他们在上大学时经常参加竞争性的体育运动。所以，参加竞争性体育运动一定有促进人成为企业家的作用。

这两个逻辑推理的共同缺陷在于，只看到了事物的表面联系就认定事物之间一定具有因果关系。也就是说，这两者都是一种强加因果关系的推理。

4. 化工厂污染河水的环境反思

一家化工厂生产一种杀虫剂，副作用是可以让诸如水獭这样小的哺乳动物不能生育。工厂开始运作以后，附近小河中生存的水獭不能生育的发病率迅速增加。因此，这家工厂在生产杀虫剂时一定污染了河水。

与这个推理相类似的推理有，低钙饮食可以导致家禽产蛋量下降。一个农场里的鸡在春天被放出去觅食后，它们的产蛋量明显减少了。所以，它们找到和摄入的食物的含钙量一定很低。

化工厂生产的杀虫剂的确能让水獭不能生育。但是水獭不能生育也有可能是其他原因所致。因此将水獭不能生育的原因归结于化工厂污染了河水并不具有说服力。也就是说这个推理存在缺陷。同样，鸡的产蛋量下降与食物中的含钙量有关，但不排除其他因素也会导致鸡的产蛋量下降。因此，这个结论也不具有说服力。

5. 飞碟存在的逻辑探寻

同同在街边玩耍，突然有一个像大碟子似的飞行物降落在了他的身边。他有些害怕，想快步离开。但强烈的好奇心使得他停留了下来。接着同同看见两个打扮得很奇怪的人从飞行器里走了出来。同同正想着上前跟这两个人打招呼，这时这两个人快步走向同同，一把抓住同同就往他们的飞行器上拖。同同被吓得不由得大叫，这时一阵闹铃响起。原来同同刚刚只是做了个梦。

梦醒了以后，同同依然心有余悸。从此同同坚信飞碟是存在的。理由是，谁能证明飞碟不存在呢？

同同的这种论证方式被不少人使用过，显然这种论证方式有诡辩的性质。因为这些不能被证明不存在的事物同时也是不能被证明其存在的。而将这两者

比较来看，它们的论证方法是相似的。

6. 候选人投票的智慧选择

在议会选举中，保守派候选人获得了大多数选民的支持，而且投票赞成反污染法案的候选人也获得了大多数选民的支持。所以，在这次选举中，大多数选民肯定支持了投票赞成反污染法案的保守派候选人。

毫无疑问这个推理存在问题，但与之类似的推理依然很常见。例如，S说大多数孩子喜欢馅饼，R说大多数孩子喜欢果酱，如果他们说得都对，大多数孩子肯定喜欢有果酱的馅饼。

而这种推理之所以存在问题，是因为在推理的过程中把表面看似有联系的事物认定为其一定存在必然联系。这两个推理属于方法相似，虽然其论证方法都是错误的。

ABC

第16章

语义

逻辑学的应用表现在逻辑推理中，而逻辑推理最终以文字或者语言的形式呈现出来。所以，通过语义有时候也能找出逻辑关系。一般情况下，是通过对逻辑推理中的语义预设以及语义分析来寻找其中的逻辑关系。语义分析在日常交际中的意义非常重大。因为通过语义分析能够得出他人的言外之意、弦外之音。

📋 16.1　从零开始学语义

所谓语义，就是人们用语言来描述事物、表达感情时，所使用的语言中包含的意义。正是借助语义，人们才能将事物描述完整，才能将感情表达清楚。

1. 语义预设

学习了这些关于逻辑学的知识后，有人会说，其实在日常交际中也经常会用到逻辑推理，但是很多时候并没有像书中提到的那样，列举出大前提、小前提，最后得出结论，大多数情况下是直接得出结论的。为什么能够直接得出结论呢？那是因为这些被省略的前提通常借助一些特定的语言表达出来，或者前提是众所周知的事情，这种情况就叫语义预设。

2. 语义分析

因为我们所使用的语言是按照一定的逻辑顺序排列和展开的，因此语言所包含的语义也就有了逻辑性。也就是说，我们能够根据这些语义的逻辑性来判断推理是否符合逻辑。这就是语义分析。

📋 16.2　好玩的逻辑题

1. 王大妈上街

王大妈上街买东西，看见有个地方围了一群人。凑过去一看，原来是高血压日宣传活动。王大妈转身就要走，一位年轻的白衣大夫叫住了她："大妈，让我帮您测测血压好吗？"王大妈连忙摆手说："我又不胖，算了吧。"

根据以上信息，以下哪项最可能是王大妈的回答所隐含的前提？

A. 只有患高血压病的人才需要测血压，我不用。

B. 只有胖的人才可能得高血压病，需要经常测血压。

C. 虽然测血压是免费的，可给我开药方就要收钱了。

D. 你们这么忙，还是先给身体比较胖的人们测吧。

【答案】B

【解析】当医生要免费替王大妈测血压时，王大妈以"我不胖"为由拒绝了。这说明在王大妈看来胖的人才可能得高血压病。虽然王大妈没有将这个前提明确表达出来，但从她的语义中能够得知，这就是语义预设。

2.环境危机与人类责任

在一个科技高度发达的时代，有大量河流因工业污染而无法饮用，这不仅是对自然的破坏，更是对未来世代的不负责任。

下面哪一项是这句话的明显含义？

A. 河流被污染是因为人类没有掌握足够的科学知识。

B. 河流被污染是因为人类天生不爱护环境。

C. 在科技高度发达的时代，我们理应建立更加严格的环保制度和责任机制，以保障环境和未来世代的利益。

D. 河流被污染是因为自然本身存在缺陷。

【答案】C

【解析】河流被污染，而推理者认为这是对大自然的破坏，也是对下一代不负责任的表现。这就说明推理者认为这一状况应该得到避免和纠正。只有选项C中包含了这种意思。

16.3 烧脑的逻辑故事

1. 二十年成为艺术家

小荧十分渴望成为一名微雕艺术家，为此，他去请教微雕大师孔先生："您如果教我学习微雕，我要多久才能成为一名微雕艺术家？"孔先生回答说："大约十年。"小荧不满足于此，再问："如果我不分昼夜每天苦练，能否缩短时间？"孔先生答："那要用二十年。"

从孔先生的回答中可以知道，其实孔先生的话中有话。他的言外之意是，成为微雕艺术家的重要素质是耐心。

如果小荧不能分析出孔先生的言外之意，那么小荧很有可能会做许多无用功，并且最终还不一定能成为一名微雕艺术家。这就说明了学习逻辑学的重要性，尤其是语义分析在实际生活中的重要性。

2. 不到长城非好汉的哲理反思

有人说："不到长城非好汉。"也有人说："不到小三峡，不算游三峡，不到小小三峡，白来小三峡。"

根据这句"不到长城非好汉"的话的翻版，可以推出的结论是：游三峡，最令人陶醉的是小小三峡。

显然，这个推理经过层层递进，最终是为了突出小小三峡非常值得一游。因此，推出以上结论是对语义的正确理解与分析。语义分析准确了，结论的得出是水到渠成、自然而然的事情。

第17章

描述

　　在逻辑推理中，显然是理性思维多于感性思维。因此，在逻辑学中，尽管有描述，这也是一种理性的描述。逻辑学中的描述包括推理缺陷、逻辑评价、逻辑描述三大类别。学习完这三个类别，你也就学习完了整本书的内容。至此，逻辑学的基本知识也已介绍完毕。现在就重点看看描述在逻辑学中到底如何应用。

📝 17.1 从零开始学描述

描述即将逻辑推理过程用语言文字将它表达出来，从而将一个抽象的思维过程转变为一段具体可理解的文字形式。在对逻辑推理的描述中通常蕴含着逻辑推理的方法、特点，有时候一些逻辑缺陷也会通过文字显露出来，这就要求大家去把握这些方法、特点，或是找出这些缺陷来。

1. 推理缺陷

所谓推理缺陷，就是指所给出的逻辑推理过程中存在着问题，或是强加因果，或是变未然为必然，或是前后矛盾，等等。之所以要将推理缺陷单独拿出来讲，是因为我们需要认识推理缺陷，从而避免犯推理缺陷的错误。

2. 逻辑评价

逻辑评价与第十二章中讲到的评价有相同之处，也有不同的地方。在描述中，评价主要是通过把握已给出的推理，从而为其找出一个恰当的、合理的点评。

3. 逻辑描述

逻辑描述即通过已给出段落的信息来识别推理的结构以及其使用的方法。这是一种对说话者意图的揣摩与猜测，当然这种揣摩与猜测是有根据的。

💬 17.2 好玩的逻辑题

1. 举止斯文，就是白领吗

人们一般觉得，白领阶层有着得体入时的穿着、斯文的举止。张金力穿着十分得体，举止也很斯文，一定是白领阶层中的一员。

下列哪项陈述最准确地指出了上述判断在逻辑上的缺陷？

A. 有些白领阶层的人穿着也很普通，举止并不潇洒。

B. 有些穿着得体、举止斯文的人并非从事令人羡慕的白领工作。

C. 穿着举止是人的爱好、习惯，也与工作性质有一定关系。

D. 张金力的穿着举止受社会时尚的影响很大。

【答案】B

【解析】题干中提到的是白领大多穿着入时、举止斯文，但并不能因此推出穿着入时、举止斯文的就一定是白领。所以选项B指出了上述判断在逻辑中的缺陷。

2. 假币检测的科学方法

一种检测假币的仪器在检测到假币时会亮灯，制造商称该仪器将真币误认为是假币的可能性只有0.1%。因此，该仪器在一千次亮起红灯时有九百九十九次会发现假币。

上述论证的推理是错误的，因为：

A. 忽略了在假币出现时红灯不亮的可能性。

B. 基于一个可能有偏差的事例概括出一个普遍的结论。

C. 忽略了仪器在检测假币时操作人员可能发生的人为错误。

D. 在讨论百分比时偷换了数据概念。

【答案】D

【解析】百分比描述的是一个比例问题，而非具体的数据。但是以上结论的得出就是将比例问题偷换成了具体的数字。所以这个结论存在缺陷，而造成这个缺陷的原因就是偷换了概念。

3. 学生少与教师多的反常现象分析

基于大学入学年龄的人数量日益减少，很多大学现在预测每年新生班级人数越来越少，然而耐斯大学的管理者们对今年比前一年增加了40%的合格申请者感到惊讶，因此现在为所有新生开设的课程雇用了更多的教职员工。

以下哪一项关于耐斯大学目前合格申请者的论述，如果是正确的，将最有力地指出那些管理者的计划是有缺陷的？

A. 比通常的计划比例高得多的人从大学毕业后攻读更高的学位。

B. 根据他们的申请，他们参与课外活动和大学生代表团运动项目的水平非常高。

C. 根据他们的申请，没有一个人居住在外国。

D. 在他们申请的大学中把耐斯大学作为第一选择的比例比通常比例低得多。

【答案】D

【解析】虽然与上一年相比，申请耐斯大学的人数增多了，但是如果这些申请者并没有将耐斯大学作为第一选择，那么他们很有可能最终不会进入耐斯大学。在这种情况下，耐斯大学的管理者的计划无疑存在缺陷。

🗨 17.3 烧脑的逻辑故事

1. 狗是如何发现幼仔的

一项实验发现：把母狗和它们的幼仔分开后，将这些幼仔混入一群同类的成年狗和幼仔中去，然后再把母狗放入狗群，母狗很快就和自己的子女会合到了一起。研究表明，狗身上的体味是它们互相辨认的依据。而幼狗无法区分自己母亲与其他母狗身上的味道。因此，每个母狗都能够分辨出自己子女的体味。

上述论证采用的论证方法是，在对某种现象的两种可供选择的解释中，通过排除其中的一种，来确定另一种。

因为研究发现母狗能够在狗群中通过气味辨认出自己的幼仔，而幼狗却无法区分自己母亲身上的味道。在这两种情况中，后者被排除了，那么也就得出了论证结果。这种逻辑评价是对论证方法的评价，因此紧扣论证方法即可。

2. 农场经营的智慧方法

科学院：研究已经证明使用自然方法可以使一些管理经营良好的农场在不明显降低产量，甚至某些情况下可以在提高产量的基础上，减少合成肥料、杀虫剂以及抗生素的使用量。

批评家：不是这样的，科学院用以研究的农场似乎是使用自然方法最有可能取得成功的农场。那些尝试了这样的自然方法但失败了的农场主会怎么样呢？

对批评家应答的逻辑力量的最充分的评价是，被讨论的问题仅仅是为了展示某些事情是可能的，所以与被研究的例子是否具有代表性并无关系。

因为科学家们讨论这个问题就是为了说明有些事情是可能的。当这些事情被证明为是有可能的事情时，科学家们才会去深入研究它，从而将"有可能"变为"一定"。所以被讨论的问题与被研究的例子是否具有代表性没有关系。

3. 产品合格与不合格的逻辑区分

在产品检验中，误检包括两种情况：一是把不合格产品定为合格；二是把合格产品定为不合格。有甲乙两个产品检验系统，它们依据的是不同的原理，但共同之处在于：第一，它们都能检测出所有送检的不合格产品；第二，都仍有恰好3%的误检率；第三，不存在一个产品，会被两个系统都误检。

现在把这两个系统合并为一个系统，使得被该系统测定为不合格的产品，包括且只包括两个系统分别工作时都测定的不合格产品。可以得出结论：这样的产品检验系统的误检率为0。

对上述推理最为恰当的评价是：上述推理是必然性的，即如果前提真，则结论一定真。

通过对故事的语义分析，可以知道故事中的前提与结论之间存在着必然的联系。所以对这个推理的评价为：上述推理具有必然性。

4. "亲爱的编辑"来信反思

亲爱的编辑：琼斯的新书有可能会毁掉在国内危机期间担任高级政府职位的人的名誉。然而，读者们应该不考虑琼斯的批评。琼斯的反政府态度是众所周知的，他的批评只能说服和他一样的人，即那些从未有过，以后也不会有真正的责任感的人。因此他们没有资格做出评判。

上述故事中的论述采用质疑的技巧，它假设攻击某一宣称的来源就足以否定这一宣称。

这是一个典型的有关逻辑描述的故事。在这种故事中，读者只需找出论述的特点即可，至于论述的正确与否可以忽略不计。而在这个故事里，为了否定琼斯的评论，作者首先否定了琼斯这个人，即这是一种通过否定结论的来源从而否定结论的方法。

5. 人与树寿命的逻辑对比

没有一个植物学家能够活得足够长，从而来研究某棵加州红木树的整个生命周期。然而，通过观察许多不同阶段的树，植物学家能够把一棵树的发展历程接合起来。同样的原则可应用于天文学来研究球状束，即互相挤在一起的100万颗星星形成巨大的球状聚集体。

依据时间范围引起的问题和处理问题的方法，哪种研究类似于上文提及的植物学家和天文学家的研究？

分析湖从形成到以沼泽结束的进展，方法是分析湖在进展过程中的许多不同阶段。

显然一个湖泊从形成到变为沼泽需要很长一段时间，这个时间可能比一个人活在世界上的时间还长。所以人们在分析湖从形成到以沼泽结束的进展时，是借助分析处在不同进展中的不同湖这一方法来实现的。这与植物学家、天文学家的研究有着异曲同工之妙。